VOCÊ é o que PENSA

Oito Pilares para a Prosperidade

Título original: *As a Man Thinketh . Eight Pillars of Prosperity*

Direção Editorial *Ethel Santaella*

REALIZAÇÃO

GrandeUrsa Comunicação

Direção *Denise Gianoglio*
Tradutor *Ivar Panazzolo Junior*
Revisão *Luciana Maria Sanches*
Capa, Projeto Gráfico e Diagramação *Idée Arte e Comunicação*

Dados Internacionais de Catalogação na Publicação (CIP)
(eDOC BRASIL, Belo Horizonte/MG)

A427v

Allen, James, 1864-1912.
Você é o que pensa / James Allen;
Tradução Ivar Panazzolo Junior. – São Paulo, SP
Lafonte, 2025.
160 p. : 15,5 x 23 cm

Título original: *As a Man Thinketh*
ISBN 978-65-5870-674-8
ISBN 978-65-5870-677-9

1. Filosofia. 2. Pensamento Novo. I. Panazzolo Junior, Ivar. II. Título.

CDD 289.98

Elaborado por Maurício Amormino Júnior – CRB6/2422

Editora Lafonte

Av. Profª Ida Kolb, 551, Casa Verde, CEP 02518-000, São Paulo-SP, Brasil – Tel.: (+55) 11 3855-2100
Atendimento ao leitor (+55) 11 3855-2216 / 11 3855-2213 – atendimento@editoralafonte.com.br
Venda de livros avulsos (+55) 11 3855-2216 – vendas@editoralafonte.com.br
Venda de livros no atacado (+55) 11 3855-2275 – atacado@escala.com.br

VOCÊ é o que PENSA

JAMES ALLEN

Oito **Pilares** para a **Prosperidade**

Tradutor
Ivar Panazzolo Junior

Brasil, 2025

Lafonte

Sumário

VOCÊ É O QUE PENSA

OITO PILARES PARA A PROSPERIDADE

VOCÊ é o que PENSA

PREFÁCIO

Este breve volume (resultado de meditação e experiência) não pretende ser um tratado exaustivo sobre o já bastante debatido poder do pensamento. É algo mais sugestivo do que explanatório, e seu objetivo é estimular homens e mulheres à descoberta e percepção da verdade de que

"são as pessoas que constroem a si mesmas"

...pela virtude dos pensamentos que escolhem e estimulam; que a mente é a tecelã-mestra, tanto do tecido interno do caráter como da camada externa das circunstâncias, e que, assim como a mente pode ter feito isso em meio à ignorância e dor, ela pode agora tecer com sabedoria e felicidade.

JAMES ALLEN.
Avenida Broad Park,
Ilfracombe, Inglaterra

PENSAMENTO E CARÁTER

O aforismo "*O que um homem pensa com o coração reflete a pessoa que é*" não abrange apenas o ser, é amplo a ponto de se estender a todas as condições e circunstâncias de sua vida. Um homem é literalmente *aquilo que pensa*, e o caráter dele é a soma completa de todos os seus pensamentos.

Conforme a planta brota da semente, e não pode existir sem ela, todos os atos de um homem brotam das sementes ocultas do pensamento, e não poderiam surgir sem ele. Isso se aplica igualmente tanto aos atos chamados de "espontâneos" e "não premeditados" como àqueles que são executados deliberadamente.

A ação é o desabrochar do pensamento, e a alegria e o sofrimento são seus frutos. Assim, um homem colhe os frutos doces e amargos que ele mesmo plantou.

"O pensamento, na mente, nos criou.
O que somos, pelo pensamento foi concebido e construído.
Se a mente de um homem tem pensamentos cruéis,
A dor dele se aproxima
Como a roda de uma carroça que segue o cavalo...

Se ele resistir com pureza nos pensamentos,
A felicidade o segue
Tão certo quanto sua própria sombra."

O homem é algo que cresce pela lei, e não uma criação artificial. Causa e efeito são tão absolutos e implacáveis no reino oculto dos pensamentos quanto no mundo das coisas visíveis e materiais. Um caráter nobre e sublime não é algo que se deve ao acaso, e sim o resultado natural de um esforço contínuo para pensar da maneira correta, o efeito de uma associação aprimorada ao longo do tempo com pensamentos sublimes. Um caráter ignóbil e abominável, da mesma forma, é o resultado do acúmulo contínuo de pensamentos desprezíveis.

O homem é feito ou desfeito por si mesmo; no arsenal do pensamento, ele forja as armas com que destrói a si próprio; ali, também, cria as ferramentas com as quais constrói mansões divinas de felicidade, força e paz. Com a escolha certa e a verdadeira aplicação do pensamento, o homem ascende à perfeição divina; pelo abuso e pela aplicação errada do pensamento, cai abaixo do nível dos animais. Entre esses dois extremos há toda espécie de caráter; e o homem é o seu criador e mestre.

De todas as belas verdades relacionadas à alma que foram restauradas e trazidas à luz nesta época, nenhuma é mais alegre ou frutífera em promessa e confiança divina do que esta: a de que o homem é o mestre do pensamento, é quem molda o caráter, o construtor e forjador da condição, do ambiente e do destino.

Como um ser feito de poder, inteligência e amor, e senhor dos próprios pensamentos, o homem tem a chave para todas as situações. Contém em si mesmo o impulso transformador e regenerativo pelo qual pode fazer de si aquilo que desejar.

O homem é sempre o mestre, mesmo em seu estado mais fraco e abandonado; mas, em sua degradação, ele é o mestre tolo que governa seu "lar" com desmandos. Quando começa a refletir sobre sua condição e procurar de maneira diligente pela lei sobre a qual seu ser se estabelece, torna-se um mestre sábio, que direciona a energia com inteligência e molda os pensamentos para questões mais frutíferas. Este é o mestre *consciente*, e o homem só pode se tornar assim ao descobrir *dentro de si* as leis do pensamento. Essa descoberta é uma questão de aplicação, autoanálise e experiência.

É somente com muita procura e escavação que se obtém ouro e diamantes; e o homem é capaz de encontrar todas as verdades conectadas ao próprio ser se estiver disposto a cavar fundo na mina de sua alma. Sendo aquele que cria o próprio caráter, molda a própria vida e constrói o próprio destino, ele pode comprovar de modo inequívoco, se observar, controlar e alterar seus pensamentos, traçando os efeitos causados em si mesmo, nas outras pessoas, na sua vida e nas circunstâncias, ligando causa e efeito pela prática e investigação pacientes e usando todas as próprias experiências — até mesmo as ocorrências mais triviais do dia a dia — como meio de obter conhecimentos sobre si na forma de compreensão, sabedoria e poder. Nesta direção, e em nenhuma outra, está a lei absoluta que diz: "Quem procura acha; e para quem bater a porta se abre". É apenas com paciência, prática e insistência que um homem pode cruzar a porta do templo do conhecimento.

EFEITO DO PENSAMENTO NAS CIRCUNSTÂNCIAS

A mente do homem deve ser comparada a um jardim, que pode ser cultivado de maneira inteligente ou deixado à própria sorte. Mas, cultivado ou negligenciado, ele irá *florescer*. Se nenhuma semente útil for *plantada*, então uma abundância de sementes de ervas daninhas *cairá* ali, continuando a originar outras da mesma espécie.

Assim como um jardineiro cultiva seus canteiros, mantendo-os livres de ervas daninhas, e semeando as flores e frutas que deseja, um homem também pode cuidar do jardim da própria mente, arrancando todos os pensamentos errados, inúteis e impuros, e buscando a perfeição das flores e frutos dos pensamentos corretos, úteis e puros. Dedicando-se a esse processo, cedo ou tarde, um homem descobre que é o jardineiro-mestre da própria alma, o diretor da sua vida. Ele também revela, dentro de si, as leis do pensamento e entende, com uma precisão cada vez maior, como as forças do pensamento e elementos da mente funcionam ao moldar seu caráter, circunstâncias e destino.

O pensamento e o caráter são uma coisa só, e como o caráter só pode se manifestar e se descobrir por meio do ambiente e das circunstâncias, as condições externas da vida de uma pessoa sempre estarão harmoniosamente relacionadas com seu estado interior. Isso não quer dizer que as circunstâncias de um homem, a qualquer momento, sejam uma indicação de *todo* o seu caráter. Mas essas circunstâncias estão tão intimamente conectadas a algum elemento vital de pensamento dentro dele que, por ora, são indispensáveis ao seu desenvolvimento.

Todo homem chega aonde está pela determinação de seu próprio ser; os pensamentos sobre os quais ele construiu seu caráter o levaram até ali, e não há nenhum elemento colocado na vida dele ao acaso — tudo é o resultado de uma lei incapaz de errar. Isso vale tanto para aqueles que se sentem "em desarmonia" com o ambiente que os cercam como àqueles que estão contentes com ele.

Como um ser que progride e evolui, o homem está onde está para aprender que pode crescer; e, conforme aprende a lição espiritual que qualquer circunstância contém para ele, essa circunstância passa e abre espaço para outras.

O homem é fustigado pelas circunstâncias enquanto acredita ser uma criatura sujeita a condições externas, mas, quando percebe que é uma potência criativa e pode comandar o solo e as sementes ocultas de seu ser, a partir das quais as circunstâncias florescem, torna-se o verdadeiro mestre de si mesmo.

Todo homem que tenha praticado o autocontrole e a autopurificação durante determinado tempo sabe que essas circunstâncias nascem do pensamento, pois terá percebido que a alteração em suas circunstâncias ocorreu exatamente na mesma proporção da mudança de sua condição mental. Isso é tão verdadeiro que, quando um homem se propõe genuinamente a corrigir os defeitos no próprio caráter e faz progressos rápidos e perceptíveis, passa rapidamente por uma sucessão de adversidades.

A alma atrai aquilo que secretamente armazena; aquilo que ama e, também, o que teme. Chega às alturas de suas aspirações mais benquistas, e cai ao nível de seus desejos mais abjetos. As circunstâncias são os meios pelos quais a alma recebe o que lhe é devido.

Cada semente-pensamento plantada ou que se permite enraizar na mente produz pensamentos semelhantes, que florescem mais cedo ou mais tarde em ações, frutificando-se em oportunidade e circunstância. Bons pensamentos dão bons frutos; maus pensamentos, maus frutos.

O mundo externo das circunstâncias se molda ao mundo interno do pensamento, e as condições externas, tanto agradáveis como desagradáveis, são fatores que compõem o bem maior do indivíduo. Como o ceifador da própria colheita, o homem aprende tanto por meio do sofrimento como da felicidade.

Ao seguir os desejos, aspirações e pensamentos mais profundos, pelos quais ele se permite ser dominado (ao buscar os delírios de imaginações impuras ou caminhando resoluto pela estrada do esforço forte e superior), um homem alcança a fruição e plenitude nas condições externas de sua vida. As leis do crescimento e da adaptação prevalecem em todos os lugares.

Um homem não chega a um albergue ou à cadeia pela tirania do destino nem das circunstâncias, e sim pelo caminho criado por pensamentos rasteiros e desejos vis. Um homem de mente pura também não cai subitamente em uma vida de crimes em razão de estresse ou alguma força externa. A circunstância não faz o homem — ela o revela para si mesmo. Não pode existir nenhuma condição como a queda em vícios e seus sofrimentos decorrentes, desconsiderando inclinações ao vício, ou a ascensão à virtude e plena felicidade, sem o cultivo contínuo de aspirações; e o homem, portanto, como mestre e senhor do pensamento, é o criador de si mesmo, o forjador e autor do ambiente. Mesmo ao nascer, a alma tem autonomia e, a cada passo de sua peregrinação terrestre, atrai as combinações de condições pelas quais se revela, os reflexos de sua própria pureza e impureza, sua força e fraqueza.

Os homens não atraem o que *querem*, e sim o que *são*. Seus caprichos, desejos e ambições são frustrados a cada passo, mas seus pensamentos e desejos mais íntimos são nutridos com seu próprio alimento, seja ele puro ou não. A "divindade que molda nossos fins" está dentro de nós; é o próprio eu de cada um. O homem é o único responsável pelos próprios grilhões: o pensamento e a ação são os carcereiros do destino — eles aprisionam ao ser indignos. Também são os anjos da liberdade — eles libertam ao ser nobres. Um homem não recebe tudo aquilo pelo que reza ou deseja; apenas o que faz por merecer. Seus desejos e orações são ouvidos e atendidos quando se harmonizam com seus pensamentos e ações.

À luz desta verdade, qual, então, é o significado de "lutar contra as circunstâncias"? Significa que um homem continuamente se revolta contra um *efeito* externo, enquanto acalenta e preserva, o tempo todo, a sua *causa* no coração. Essa causa pode assumir a forma de um vício consciente ou de uma fraqueza inconsciente. Mas, seja o que for, ela atrasa incessantemente o esforço de quem a traz consigo, clamando por algum remédio.

Os homens anseiam por melhorar suas circunstâncias, mas não estão dispostos a melhorar a si mesmos; agindo assim, permanecem presos. O homem que não se esquiva da autocrucificação jamais jamais falhará em alcançar o objetivo que seu coração escolheu. Isso é verdade tanto em relação às coisas terrenas como às celestiais. Até mesmo o homem cujo único objetivo é acumular riquezas deve estar preparado para fazer grandes sacrifícios pessoais antes de conseguir realizar tal meta. O quanto precisaria conseguir além disso para chegar a uma vida forte e equilibrada?

Eis o exemplo de um homem que é tristemente pobre. Ele sente um anseio extremo para que seu ambiente e confortos domésticos melhorem, mas se esquiva do trabalho constantemente e considera que é justo tentar enganar seu empregador tendo em vista a insuficiência do próprio salário. Esse homem não compreende os rudimentos mais elementares dos princípios que formam a base da verdadeira prosperidade. E não somente é indigno de se afastar da pobreza, como também atrai para si uma miséria ainda mais profunda por se apegar e agir em função de pensamentos indolentes, ardilosos e desonrosos.

Eis o exemplo de um homem rico que é vítima de uma doença dolorosa e persistente, resultado da própria gulodice. Está disposto a pagar grandes somas para se livrar dela, mas não quer sacrificar seus desejos vorazes. Quer saciar seu gosto por iguarias finas e exóticas e, ao mesmo tempo, ter saúde. Esse homem é completamente indigno de ter saúde, pois ainda não aprendeu os princípios fundamentais de uma vida saudável.

Eis o exemplo de um empresário que recorre a medidas desonestas para evitar pagar salários justos e reduz a remuneração dos funcionários na esperança de conseguir lucros maiores. Esse homem é indigno da prosperidade; quando percebe que está arruinado, tanto em relação à reputação como às finanças, ele culpa as circunstâncias, sem saber que é o único responsável por sua condição.

Apresentei estes três casos meramente como ilustrações da verdade de que o homem é o causador (embora quase sempre de maneira inconsciente) das próprias circunstâncias — e que, ainda que busque um bom desfecho, acaba frustrando continuamente as próprias conquistas ao encorajar pensamentos e desejos que não podem se harmonizar com esse fim. Tais casos poderiam ser multiplicados e variados quase indefinidamente, mas não é necessário, já que o leitor pode, se assim quiser, traçar a ação das leis do pensamento em sua própria mente e vida. Até que isso seja feito, meros fatos externos não podem servir de alicerce para o raciocínio.

Circunstâncias, entretanto, são tão complicadas, o pensamento, tão profundamente enraizado, e os conceitos da felicidade variam de modo tão vasto entre os indivíduos, que a condição completa da alma de um homem (embora ele possa vir a conhecê-la) não pode ser julgada por outra pessoa apenas pelo aspecto externo da sua vida. Um homem pode ser honesto em certas questões e, ainda assim, sofrer privações; pode ser desonesto em certas questoes e, ainda assim, adquirir riquezas. Mas a conclusão geralmente formada de que um homem fracassa *em virtude de sua honestidade intrínseca* enquanto outro *prospera em decorrência de sua desonestidade intrínseca* é o resultado de um julgamento superficial que presume que o homem desonesto é completamente corrupto e o homem honesto, completamente virtuoso. À luz de um conhecimento mais profundo e de uma experiência mais abrangente, percebe-se que esse julgamento é errôneo. O homem desonesto pode ter algumas virtudes admiráveis que o outro não tem; e o homem honesto, vícios repugnantes que estão ausentes no primeiro. O homem honesto colhe os bons resultados de seus pensamentos e atos honestos; também atrai para si os sofrimentos que seus vícios produzem. O homem desonesto, da mesma forma, atrai os próprios sofrimento e felicidade.

É agradável à vaidade humana acreditar que uma pessoa sofre em razão de sua virtude; mas, até que o homem tenha extirpado todo pensamento doentio, amargo e impuro da mente e purificado cada mancha pecaminosa da alma, não poderá ser capaz de saber e declarar que seus sofrimentos são o resultado de suas boas qualidades em vez das más. E enquanto estiver no caminho, mas muito antes de alcançar a perfeição suprema, descobrirá, trabalhando em sua mente e vida, a grande lei que é absolutamente justa e que não pode, portanto, recompensar o bem com o mal e o mal com o bem. Munido desse conhecimento, saberá, ao observar a ignorância e cegueira passadas, que sua vida é, e sempre foi, ordenada de maneira justa, e que todas as suas experiências anteriores, boas e ruins, compõem o resultado mensurável do seu eu em evolução, embora não esteja completamente evoluído.

Bons pensamentos e ações jamais produzirão resultados ruins; pensamentos e ações ruins jamais produzirão bons resultados. Isso não significa dizer que nada pode brotar de um milharal além de milho, ou apenas urtigas de um urtigal. Os homens entendem essa lei no mundo natural e agem em função dela, mas poucos a compreendem no mundo mental e moral (embora seu funcionamento ali seja tão simples e direto quanto). Portanto, não cooperam com ela.

O sofrimento é *sempre* o efeito do pensamento errado em alguma direção. É uma indicação de que o indivíduo está em desarmonia consigo mesmo, com a lei de seu ser. O único e supremo objetivo do sofrimento é purificar, incinerar tudo que é inútil e impuro. O sofrimento cessa para quem é puro. Não há motivo para queimar o ouro depois que as impurezas foram removidas, e um ser perfeitamente puro e iluminado não pode sofrer.

As circunstâncias que um homem encontra com o sofrimento são o resultado de sua própria harmonia mental. As circunstâncias que um homem encontra com a bem-aventurança são o resultado de sua própria harmonia mental. A bem-aventurança, e não as posses materiais, é a medida do pensamento correto. A desgraça, não a falta de posses materiais, é a medida dos pensamentos errados. Um homem pode ser amaldiçoado e rico, ou abençoado e pobre. A riqueza e a bonança só se juntam quando as riquezas são usadas de maneira justa e sábia; e o homem pobre só cai em desgraça quando encara seu destino como um fardo injustamente imposto.

A indigência e a indulgência são os dois extremos da desgraça. Ambas são igualmente anormais e resultado de transtorno mental. Um homem não está apropriadamente condicionado até que seja um ser feliz, saudável e próspero. A felicidade, a saúde e a prosperidade são o resultado de um ajuste harmonioso entre o interior e o exterior, entre o homem e aquilo que o cerca.

Um homem só começa a ser um homem quando deixa de reclamar e injuriar, e começa a procurar pela justiça oculta que regula sua vida. Conforme adapta a mente a esse fator regulador, deixa de apontar outras pessoas como a causa da própria condição e se edifica em pensamentos nobres e fortes; deixa de espernear contra as circunstâncias, e começa a *usá-las* como ferramentas para o próprio progresso rápido e um meio de descobrir as possibilidades e os poderes ocultos dentro de si.

A lei, não a confusão, é o princípio dominante do universo; a justiça, não a injustiça, é a alma e a substância da vida; e a retidão, não a corrupção, é a força que molda e move o aspecto espiritual do mundo. Sendo assim, o homem precisa somente se alinhar para descobrir que o universo está correto. Durante o processo de se alinhar, vai descobrir que, à medida que altera seus pensamentos em relação às coisas e outras pessoas, as coisas e outras pessoas vão mudar em relação a ele.

A prova dessa verdade está em cada pessoa, e, portanto, admite uma investigação simples por meio de uma introspecção sistemática e autoanálise. Permita que um homem mude radicalmente seus pensamentos, e ele ficará perplexo com a rápida transformação que ocorre nas condições materiais da sua vida. Os homens imaginam que o pensamento pode ser mantido em segredo, mas isso não é possível. Ele rapidamente se cristaliza em hábito, e o hábito se solidifica em circunstância. Pensamentos abomináveis se cristalizam em hábitos de embriaguez e sensualidade, que se solidificam em circunstâncias de miséria e doença; pensamentos impuros de toda espécie se cristalizam em hábitos enervantes e confusos, que se solidificam em circunstâncias perturbadoras e adversas; pensamentos de medo, dúvida e indecisão se cristalizam em hábitos fracos, covardes e irresolutos, que se solidificam em circunstâncias de fracasso, indigência e dependência servil; pensamentos preguiçosos se cristalizam em hábitos de sujeira e desonestidade, que se solidificam em circunstâncias de baixeza e mendicância; pensamentos odiosos e condenatórios se cristalizam em hábitos de acusação e violência, que se solidificam em circunstâncias de ferimentos e perseguição; pensamentos egoístas de toda natureza se cristalizam em hábitos de hedonismo, que se solidificam em circunstâncias mais ou menos angustiantes. Por outro lado, pensamentos belos de toda espécie se cristalizam em hábitos de graça e bondade, que se solidificam em circunstâncias geniais e radiantes; pensamentos puros se cristalizam em hábitos de temperança e autocontrole, que se solidificam em circunstâncias de repouso e paz; pensamentos de coragem, autoconfiança e decisão se cristalizam em hábitos virtuosos, que se solidificam em circunstâncias de sucesso, abundância e liberdade; pensamentos vigorosos se cristalizam em hábitos de limpeza e esforço, que se solidificam em circunstâncias prazerosas; pensamentos gentis e indulgentes se cristalizam em hábitos de brandura, que se solidificam em circunstâncias protetoras e de cuidado; pensamentos amorosos e altruístas se cristalizam em hábitos de abnegação, que se solidificam em circunstâncias de prosperidade segura e constante e riquezas verdadeiras.

Uma linha persistente de pensamentos, bons ou ruins, não deixará de produzir resultados sobre o caráter e as circunstâncias. Um homem não pode escolher *diretamente* suas circunstâncias, mas pode escolher seus pensamentos — e assim, indiretamente, e com segurança, moldar suas circunstâncias.

A natureza guia todo homem rumo à gratificação dos pensamentos que ele mais encoraja, e são apresentadas as oportunidades que mais rapidamente trarão à superfície tanto os bons como os maus pensamentos.

Se um homem fizer cessar os próprios pensamentos pecaminosos, todo o mundo se tornará mais suave para ele, pronto para ajudá-lo; se afastar os pensamentos fracos e doentios, as oportunidades brotarão em todas as mãos para colaborar com sua determinação; se estimular bons pensamentos, nenhum destino cruel o prenderá na desgraça e na vergonha. O mundo é o seu caleidoscópio, e as combinações variadas de cores que surgem a cada momento são imagens elegantemente ajustadas dos seus pensamentos em constante mudança.

Serás então o que quiseres ser;
Que o fracasso encontre seu falso alento
No termo errôneo, "ambiente",
Mas o espírito apenas ri, livre e atento.

Domina o tempo, conquista o espaço;
Desdenha daquele trapaceiro atrevido, o acaso,
E faz da tirana circunstância,
Uma mera serva sob sua mão.

A vontade humana — força sem igual,
Filha de uma alma imortal,
Rompe barreiras, segue qualquer ideal,
Mesmo entre muros de pedra e cal.

Não te apresses na espera em vão,
Mas espera como quem compreende;
Quando o espírito ordena e ascende,
Os deuses se curvam à sua mão.

EFEITO DO PENSAMENTO NA SAÚDE E NO CORPO

O corpo é o servo da mente. Ele obedece às operações da mente, sejam deliberadamente escolhidas ou automaticamente expressas. Sob o jugo de pensamentos ilícitos, o corpo afunda rapidamente na doença e decadência. Sob o comando de pensamentos alegres e belos, veste-se de juventude e beleza.

A saúde e a enfermidade, assim como as circunstâncias, estão enraizadas nos pensamentos. Pensamentos doentios se expressam por meio de um corpo doentio. Sabe-se que pensamentos movidos pelo medo podem matar um homem tão rápido quanto uma bala. De fato, matam milhares de pessoas continuamente com a mesma eficácia, embora em menor velocidade. As pessoas que vivem com medo das enfermidades são aquelas que as contraem. A ansiedade rapidamente desmoraliza o corpo inteiro e o deixa vulnerável à entrada de doenças; ao mesmo tempo, pensamentos impuros, mesmo que não sejam fisicamente saciados, não tardam a prejudicar o sistema nervoso.

Pensamentos fortes, puros e felizes reforçam o corpo em vigor e graça. O corpo é um instrumento delicado e maleável, que responde prontamente aos pensamentos que lhe são imputados; e hábitos de pensamento, bons ou maus, produzirão os próprios efeitos nele.

Os homens continuarão a ter sangue impuro e tóxico enquanto propagarem pensamentos sórdidos. De um coração limpo advêm uma vida limpa e um corpo limpo. De uma mente deturpada surgem uma vida deturpada e um corpo corrompido. O pensamento é a fonte da ação, da vida e da manifestação; purifique a fonte, e tudo será puro.

Uma mudança na dieta não vai ajudar um homem que não está disposto a mudar seus pensamentos. Quando um homem purifica os pensamentos, ele não deseja mais alimentos impuros.

Pensamentos limpos criam hábitos limpos. O suposto santo que não lava o próprio corpo não é um santo. O homem que fortaleceu e purificou os pensamentos não precisa se importar com qualquer micróbio malévolo.

Se deseja proteger o corpo, resguarde a mente. Se deseja renovar o corpo, embeleze a mente. Pensamentos imbuídos de malícia, inveja, decepção e desamparo roubam a saúde e a graça do corpo. Um semblante amargo não surge por acaso — é criado por pensamentos amargos. As rugas que marcam são traçadas por tolices, paixões e orgulho.

Conheço uma mulher de noventa e seis anos que tem o rosto alegre e inocente de uma menina. Conheço um homem que ainda está longe de chegar à meia-idade cujo rosto está marcado por contornos pouco harmoniosos. Uma é o resultado de uma disposição doce e radiante; o outro, a consequência de paixões e descontentamento.

Assim como não é possível ter uma morada aconchegante e sadia a menos que deixe entrar livremente o ar e a luz do sol nos cômodos, um corpo forte e um semblante agradável, feliz ou sereno só podem resultar da livre presença de pensamentos plenos de felicidade, boa vontade e serenidade na mente.

No rosto dos idosos há rugas causadas pela simpatia, outras, por pensamentos fortes e puros, e outras ainda, entalhadas por paixões. Quem é incapaz de distingui-las? Com aqueles que viveram com retidão, a idade é calma, serena e reconfortante, assim como o pôr do sol. Recentemente, estive com um filósofo em seu leito de morte. Não era velho, exceto em termos de idade. Faleceu com a mesma doçura e serenidade com que viveu.

Não há médico igual ao pensamento feliz para dissipar os males do corpo; não há acalento que se compare à boa vontade para dispersar as sombras da angústia e tristeza. Viver continuamente imerso em pensamentos de rancor, cinismo, desconfiança e inveja é estar confinado em uma prisão construída por nossas próprias mãos. Mas pensar bem sobre todos, ser simpático com todos, aprender pacientemente a encontrar o bem em tudo — pensamentos altruístas como estes são os verdadeiros portais para o paraíso; passar dia após dia imerso em pensamentos de paz para com todas as criaturas trará paz abundante a quem assim o faz.

PENSAMENTO E PROPÓSITO

Até que o pensamento esteja ligado ao propósito, não existem realizações inteligentes. Na maioria das vezes, o barco do pensamento é deixado à deriva no oceano da vida. A falta de rumos claros é um vício, e ficar à deriva dessa maneira é algo que não deve continuar para alguém que deseja se distanciar da catástrofe e destruição.

Quem não tem um propósito central na vida se torna presa fácil para aborrecimentos, medos, preocupações fúteis e o desprezo por si mesmo. Todos esses são indicadores de fraquezas e levam, com a mesma certeza de pecados deliberadamente orquestrados (embora por uma via diferente), ao fracasso, à infelicidade e à perda, pois a fraqueza não é capaz de persistir em um universo em constante evolução.

Um homem deve conceber um propósito legítimo em seu coração e se dispor a realizá-lo. Deve tornar esse propósito o ponto central de seus pensamentos. O propósito pode assumir a forma de um ideal espiritual, ou ser um objeto mundano, de acordo com sua natureza no momento. Mas, seja qual for, o homem deve concentrar a força do seu pensamento no objetivo que escolheu e ao qual se comprometeu. Deve fazer com que esse propósito seja seu dever supremo, e se dedicar à sua realização, sem permitir que os pensamentos se distraiam com tolices, imaginações e desejos efêmeros. Essa é a estrada que leva ao autocontrole e à verdadeira concentração do pensamento. Mesmo se o homem fracassar várias vezes ao tentar realizar seu propósito (como necessariamente acontecerá até que a fraqueza seja superada), a *força de caráter conquistada* será a medida do seu *verdadeiro* sucesso, e isso formará um novo ponto de partida para poder e triunfo futuros.

Aqueles que não estão preparados para a apreensão de um *grande* propósito devem fixar os pensamentos no cumprimento irretocável do dever, não importa o quanto a tarefa pareça insignificante. Somente assim, os pensamentos podem ser organizados e focados, e a determinação e a energia, desenvolvidas. Quando isso estiver feito, não haverá mais nada a ser conquistado.

A alma mais fraca, conhecendo a própria fraqueza e acreditando na verdade de que *a força apenas pode ser desenvolvida por meio de esforço e prática* começará, imediatamente, a se esforçar — e, somando esforço a esforço, paciência a paciência, força a força, jamais deixará de se desenvolver, até, por fim, se tornar divinamente forte.

Assim como um homem fisicamente fraco pode se fortalecer por meio de treinamentos cuidadosos e pacientes, o homem de pensamentos fracos pode fortalecê-los ao exercitar a retidão dos pensamentos.

Afastar a falta de rumo e a fraqueza, e começar a pensar com propósito, é entrar nas fileiras dos fortes que só reconhecem o fracasso como um dos caminhos para a conquista; que fazem com que todas as condições os sirvam, e que pensam com força, tentam sem medo e realizam magistralmente.

Ao conceber seu propósito, um homem deve traçar mentalmente um caminho *em linha reta* rumo à sua conquista, não desviando o olhar para os lados. Dúvidas e medos devem ser rigorosamente excluídos, pois são elementos desintegrantes que rompem a linha reta do esforço, deixando-a torta, ineficiente e inútil. Pensamentos repletos de dúvida e medo nunca alcançaram nada, e jamais poderão fazê-lo. Sempre levam ao fracasso. Propósito, energia, o poder de fazer acontecer e todos os pensamentos fortes cessam quando a dúvida e o medo estão à espreita.

O impulso de fazer acontecer brota do conhecimento sobre o que *podemos* fazer. A dúvida e o medo são os grandes inimigos do conhecimento, e quem encoraja esses sentimentos, que não os destrói, sabota a si mesmo a cada passo.

Quem conquistou a dúvida e o medo superou o fracasso. Cada pensamento está aliado ao poder, e todas as dificuldades foram bravamente enfrentadas e sabiamente dominadas. Seus propósitos estão plantados na época certa, florescendo e dando frutos que não caem prematuramente no chão.

O pensamento, aliado destemidamente ao propósito, torna-se uma força criativa: aquele que *sabe* disso está pronto para se tornar alguém superior e mais forte do que um mero amontoado de pensamentos vagos e sensações flutuantes; quem *age* assim se transforma no portador consciente e inteligente dos próprios poderes mentais.

O FATOR PENSAMENTO NA CONQUISTA

Tudo o que um homem conquista e tudo o que deixa de conquistar são resultado direto de seus próprios pensamentos. Em um universo ordenado de maneira justa, em que a perda do equilíbrio significaria a total destruição, a responsabilidade individual deve ser absoluta. A fraqueza e a força de um homem, a pureza e a impureza, pertencem a ele e a mais ninguém; são originadas por ele e por mais ninguém; e só podem ser alteradas por ele, nunca por outra pessoa. Sua condição também pertence a ele, e não a outro homem. Seu sofrimento e sua felicidade evoluem a partir do seu âmago. Aquilo que pensa ele é — e, conforme continua a pensar, assim permanece.

Um homem forte não pode ajudar um mais fraco, a menos que este se *disponha* a ser ajudado — e, mesmo assim, o homem fraco deve se tornar forte. Deve, com o próprio esforço, desenvolver a força que admira em outros. Ninguém além dele mesmo pode alterar sua condição.

É habitual que homens pensem e digam: "Muitos são escravos porque há um opressor; vamos odiar o opressor". Agora, entretanto, há uma tendência cada vez maior de reverter esse julgamento e dizer: "Existe um opressor porque muitos são escravos; vamos desprezar os escravos".

A verdade é que opressor e escravo cooperam na ignorância e, embora pareçam afetar um ao outro, na realidade, cada um deles afeta somente a si mesmo. Um conhecimento perfeito enxerga a ação da lei na fraqueza dos oprimidos e no poder autoritário do opressor; um amor perfeito, ao ver o sofrimento de ambas as partes, não condena nenhuma; uma compaixão perfeita abraça tanto o opressor como o oprimido.

Quem conquistou a fraqueza e rechaçou todos os pensamentos egoístas não é nem opressor, nem oprimido — é livre.

Um homem só pode ascender, conquistar e realizar se elevar os pensamentos. Apenas pode continuar fraco, abjeto e miserável quando se recusa a elevar os pensamentos.

Antes de conquistar qualquer coisa, mesmo as mais corriqueiras, o homem deve elevar seus pensamentos acima da indulgência animal e servil. Não pode, se deseja ter sucesso, renunciar a toda animalidade e egoísmo, de modo algum; mas uma porção desses sentimentos, ao menos, deve ser sacrificada. Um homem cujo primeiro pensamento é a indulgência bestial não é capaz nem de pensar claramente, tampouco planejar metodicamente; não pode encontrar nem desenvolver seus recursos latentes, e fracassaria em qualquer empreitada. Como não começou a controlar os pensamentos por esforço próprio, não está em posição de controlar interações ou assumir responsabilidades sérias. Não está pronto para agir de forma independente e se erguer sozinho. Está limitado apenas pelos pensamentos que ele mesmo escolhe.

Não pode haver progresso ou conquista sem sacrifícios. O triunfo material de um homem está no quanto ele sacrifica pensamentos abomináveis e confusos, fixando a mente no desenvolvimento de seus planos e no fortalecimento da determinação e autoconfiança. E, quanto mais elevar os pensamentos, quanto mais sincero, correto e ético se tornar, maior será seu sucesso e mais abençoadas e duradouras serão suas realizações.

O universo não favorece os gananciosos, desonestos ou mal-intencionados, embora, na superfície, pareça agir assim ocasionalmente; ele ajuda os honestos, magnânimos e virtuosos. Todos os grandes mestres de outras eras declararam o mesmo de diferentes maneiras. Para comprovar e saber disso a fundo, um homem deve persistir em se tornar cada vez mais virtuoso, elevando os pensamentos.

Realizações intelectuais são o resultado do pensamento dedicado à busca do conhecimento, daquilo que é belo e verdadeiro na vida e na natureza. Essas realizações, eventualmente, podem estar conectadas com a vaidade e ambição, mas não são o resultado dessas características. São o resultado natural de um longo e árduo esforço, e de pensamentos puros e altruístas.

Realizações espirituais são a consumação das aspirações sagradas. Quem concebe constantemente pensamentos nobres e altivos, quem age de maneira pura e altruísta, conseguirá, com a mesma certeza de que o sol chega ao zênite e a lua fica cheia, tornar-se sábio e nobre em termos de caráter e ascender a uma posição de influência e bem-aventurança.

Conquistas, de qualquer gênero, são a coroação do esforço, os louros do pensamento. Com a colaboração do autocontrole, da determinação, da pureza, da retidão e de pensamentos bem direcionados, um homem ascende; com a ajuda da animalidade, da indolência, da impureza, da corrupção e da confusão de pensamentos, ele decai.

Um homem pode alcançar grande sucesso no mundo, e até mesmo altitudes elevadas no reino espiritual, e novamente cair na fraqueza e desgraça ao permitir que pensamentos arrogantes, egoístas e corrompidos o dominem.

Vitórias obtidas pelo pensamento honesto só podem ser mantidas por meio da vigilância. Muitos vacilam quando o êxito é garantido e voltam rapidamente a cair no fracasso.

Todas as realizações, no mundo empresarial, intelectual ou espiritual, são o resultado de pensamentos direcionados, governados pela mesma lei, e têm o mesmo método; a única diferença está no *objeto da conquista.*

Quem se dispõe a conquistar pouco deve sacrificar pouco; quem se dispõe a conquistar muito deve sacrificar muito; quem está disposto a chegar às alturas deve fazer grandes sacrifícios.

VISÕES E IDEAIS

Os sonhadores são aqueles que salvam o mundo. Assim como o mundo visível é sustentado pelo invisível, os homens, por meio de todos os seus desafios, pecados e vocações sólidas, são alimentados pelas belas visões de seus sonhadores solitários. A humanidade não pode esquecer de seus sonhadores; não pode deixar que seus ideais percam a força e morram.

A humanidade vive neles; ela os reconhece como as *realidades* que, algum dia, verá e conhecerá.

Compositor, escultor, pintor, poeta, profeta, sábio, estes são os criadores do pós-mundo, os arquitetos do paraíso. O mundo é belo porque essas pessoas viveram. Sem elas, a humanidade trabalhadora pereceria.

Quem valoriza uma bela visão, um ideal elevado no coração, um dia há de realizá-lo. Colombo visualizava um novo mundo e o descobriu; Copérnico incentivou a perspectiva de uma multiplicidade de mundos e um universo mais amplo, e a revelou; Buda concebeu a visão de um mundo espiritual de beleza imaculada e paz perfeita, e entrou nela.

Valorize suas visões. Valorize seus ideais. Valorize a música que toca seu coração, a beleza que se forma em sua mente, a gentileza que cobre seus pensamentos mais puros, pois é deles que todas as condições aprazíveis vão brotar, todo o ambiente celestial. E, se permanecer fiel a eles, seu mundo finalmente será construído.

Desejar é obter; aspirar é conquistar. Os desejos mais rasos de um homem devem receber a maior gratificação? Suas aspirações mais puras devem definhar por falta de sustento? Esta não é a lei; tal condição jamais pode ser obtida: "Peça, e receberás".

Tenha sonhos elevados, e aquilo que sonhar você se tornará. Sua visão é a promessa daquilo que um dia você será; seu ideal é a profecia daquilo que você finalmente revelará.

A maior de todas as conquistas foi, no início e durante um tempo, um sonho. O carvalho dorme na semente; o pássaro aguarda dentro do ovo; e a visão mais elevada da alma é criada por um anjo desperto. Sonhos são as sementes das realidades.

Suas circunstâncias podem ser desagradáveis, mas não permanecerão assim por muito tempo se você visualizar um ideal e lutar para alcançá-lo. Não se pode viajar *internamente* e ficar imóvel *externamente*. Eis aqui um jovem oprimido pela pobreza e pelo trabalho extenuante, confinado a passar longas horas em uma oficina insalubre, privado de todas as artes do refinamento. Mas ele sonha com coisas melhores. Pensa na inteligência, no requinte, na graça e na beleza. Concebe e constrói mentalmente uma condição ideal de vida; a visão de uma liberdade mais ampla, com um escopo maior, toma conta dele. A inquietação o leva à ação, e ele usa todo o tempo livre e as finanças, por mais modestas que sejam, para o desenvolvimento de seus recursos e poder latentes. Em pouco tempo, agindo assim, a mente dele percebe que a oficina não pode mais prendê-lo. O lugar se tornou tão desarmônico com a mentalidade do jovem que sai da vida dele como uma peça de roupa deixada de lado, e, com o crescimento das oportunidades, que se encaixam no escopo de seus poderes que se expandem, ele se afasta de tudo aquilo para sempre. Anos depois, vemos esse jovem como um homem já adulto. Vamos encontrá-lo como o mestre de certas forças da mente, que ele empunha com uma influência de alcance mundial e um poder quase inigualável. Em suas mãos, traz os cordões de enormes responsabilidades. Ele fala, e vidas são transformadas; homens e mulheres ouvem suas palavras e remodelam seu caráter. E, assim como o sol, ele se torna o centro fixo e luminoso ao redor do qual inúmeros destinos orbitam. Ele realizou a visão da sua juventude. Uniu-se ao seu ideal, e ambos se tornaram um.

E você também, jovem leitor, realizará a visão (e não um desejo indolente) do seu coração, seja algo rasteiro, belo ou uma mistura de ambos, pois sempre gravitará ao redor daquilo que secretamente mais ama. Em suas mãos serão colocados os resultados exatos de seus próprios pensamentos. Você receberá aquilo que merece, nem mais, nem menos. Qualquer que seja o seu ambiente atual, você irá cair, permanecer ou se elevar com seus pensamentos, sua visão, seu ideal. Você se tornará tão pequeno quanto o desejo que o controla, e tão grandioso quanto a aspiração que o inspira. Como disse belamente Stanton Davis Kirkham: "Talvez você esteja cuidando de contas, mas chegará o momento em que atravessará a porta que por tanto tempo pareceu ser o limite intransponível dos seus ideais, e se verá diante de uma plateia — com a caneta ainda encaixada sobre a orelha, os dedos manchados de tinta — e ali mesmo deixará fluir o turbilhão da sua inspiração. Talvez você esteja conduzindo ovelhas e caminhe até a cidade — bucólico, com os olhos arregalados — seguindo, sem saber, a intrepidez silenciosa do espírito, até o estúdio do mestre. E, depois de algum tempo, ele dirá: 'Nada mais tenho a lhe ensinar'. Nesse momento, você terá se tornado o mestre — aquele que, até há pouco, apenas sonhava com grandes feitos enquanto conduzia ovelhas. Deixe a serra e a plaina de lado para assumir para si a regeneração do mundo".

Os irracionais, os ignorantes e os indolentes, vendo apenas os efeitos aparentes das coisas e não as coisas como são, falam sobre sorte, imprevistos e acaso. Ao ver um homem enriquecer, dizem: "Que sorte ele tem!". Ao observar outro se tornar um intelectual, exclamam: "Como é bem-sucedido!". E ao perceber o caráter sacrossanto e a ampla influência de outro, comentam: "Como o acaso o favorece a cada dia!". Eles não veem os desafios, lutas e fracassos que esses homens voluntariamente enfrentaram para adquirir experiência; não têm conhecimento dos sacrifícios que fizeram, dos esforços ousados que empreenderam, da fé que exerceram para que pudessem superar aquilo que, aparentemente, era insuperável — e assim realizar a visão que havia em seu coração. Não conhecem a escuridão e as dores; veem apenas a luz e as alegrias, e chamam isso de "sorte". Não veem a longa e árdua jornada, apenas observam o objetivo aprazível e o chamam de "boa fortuna". Não entendem o processo, percebem somente o resultado e o chamam de "acaso".

Em todos os assuntos humanos há *esforços* e *resultados*, e a força do esforço é a medida do resultado. O acaso não é. Dons, poderes, posses materiais, intelectuais e espirituais são frutos do esforço; são pensamentos completados, objetivos cumpridos e visões concretizadas.

A visão que você glorifica em sua mente, o ideal que entrona em seu coração — é com isso que você vai construir sua vida. É isso que você vai se tornar.

SERENIDADE

A tranquilidade da mente é uma das belas joias da sabedoria. É o resultado de um esforço longo e paciente, focado no autocontrole. Sua presença é a indicação de uma experiência amadurecida, de um conhecimento extraordinário sobre as leis e operações do pensamento.

Um homem se torna calmo conforme entende a si mesmo como um ser de pensamentos evoluídos, pois esse conhecimento necessita da compreensão de outros como resultado do pensamento. E à medida que desenvolve uma compreensão correta e vê cada vez mais claramente as relações internas das coisas pela ação de causa e efeito, deixa de se irritar, aborrecer, preocupar e lamentar, permanecendo equilibrado, firme e sereno.

O homem calmo, tendo aprendido a se governar, sabe como se adaptar a outras pessoas; e estas, por sua vez, reverenciam a força espiritual e sentem que podem aprender com ele e confiar nele. Quanto mais tranquilo um homem se torna, maior é seu sucesso, sua influência e seu poder para fazer o bem. Até mesmo um comerciante comum perceberá que a prosperidade de seu negócio cresce conforme ele desenvolve mais autocontrole e calma, pois as pessoas sempre preferem negociar com um homem cujas ações sejam fortemente equilibradas.

O homem forte e imperturbável é sempre amado e reverenciado. É como uma árvore que dá sombra em uma terra sedenta, ou um rochedo que pode ser usado como abrigo em uma tempestade. "Quem não ama um coração tranquilo, uma vida equilibrada de doce temperança?" Não importa se chove ou faz sol, nem quais mudanças sobrevêm àqueles que recebem essas bênçãos, pois são sempre doces, serenas e calmas. Esse elegante equilíbrio de caráter que chamamos de serenidade é a última lição da cultura, a frutificação da alma. É precioso como a sabedoria, mais desejados do que o ouro — sim, até mesmo o ouro mais puro. A mera busca por dinheiro é insignificante em comparação com uma vida serena; uma vida que existe no oceano da verdade, sob as ondas além do alcance das tormentas, na calma eterna.

Quantas pessoas conhecemos que azedam a própria vida, arruínam tudo que é doce e belo com um temperamento explosivo, destroem seu equilíbrio de caráter e criam rusgas! É uma questão de saber se a maioria das pessoas não arruína sua vida e prejudica a própria felicidade pela falta de autocontrole. São poucas as pessoas que encontramos na vida que são equilibradas, que têm uma estabilidade elegante, característica do caráter completo!

Sim, a humanidade se agita com paixões descontroladas, é tumultuada por angústias desgovernadas, é sacudida pela ansiedade e dúvida. Somente o homem sábio, aquele cujos pensamentos são controlados e purificados, faz com que os ventos e as tempestades da alma lhe obedeçam.

Almas fustigadas por tormentas, onde quer que estejam, sob quaisquer condições que vivam, saibam disto: no oceano da vida, as ilhas da bem-aventurança estão sorrindo, e as praias radiantes do seu ideal aguardam sua chegada. Mantenha a mão firme no timão do pensamento. Nas cascas da sua alma se reclina o Mestre que comanda. Está adormecido; acorde-o. Autocontrole é força; pensamento justo é maestria; calma é poder. Diga ao seu coração: "Paz, fique quieto!".

Oito **Pilares** para a Prosperidade

PREFÁCIO

Supõe-se, de maneira bem popular, que uma prosperidade maior para indivíduos ou nações só pode surgir por meio de uma reconstrução social e política. Isso não pode ser verdade exceto pela prática das virtudes morais nos indivíduos que compõem uma nação. Leis e condições sociais melhores sempre seguirão o estabelecimento de uma moralidade superior entre os indivíduos de uma comunidade, mas nenhuma ação legal pode conceder prosperidade, nem impedir a ruína, de um homem ou nação que se tornou indolente e decadente na busca e prática da virtude.

As virtudes morais são o alicerce e o suporte da prosperidade, assim como são a alma da grandeza. Elas duram para sempre, e todas as obras do homem que perduram são construídas sobre elas. Sem elas não há força, estabilidade nem realidade substancial — apenas sonhos efêmeros. Encontrar princípios morais é haver encontrado prosperidade, grandeza e verdade; portanto, é ser forte, valoroso, alegre e livre.

JAMES ALLEN
"Bryngoleu",
Ilfracombe, Inglaterra.

OITO PILARES

A prosperidade repousa sobre um alicerce moral. Popularmente, supõe-se que ela repousa sobre um alicerce imoral, ou seja: sobre trapaças, práticas escusas, mentiras e cobiça. É comum ouvir um homem dito inteligente declarar que "Ninguém pode ter sucesso nos negócios a menos que seja desonesto", encarando, portanto, a prosperidade nos negócios — algo que é bom — como o efeito da desonestidade — algo que é ruim. Tal declaração é superficial e irracional, e revela uma total falta de conhecimento sobre a causalidade moral, assim como um entendimento muito limitado dos fatos da vida. É como se alguém semeasse meimendros e colhesse espinafre, ou construísse uma casa de tijolos em terreno pantanoso — coisas impossíveis na ordem natural da causalidade, e que, portanto, não devem ser feitas.

A ordem espiritual ou moral da causalidade não é diferente em princípio, somente em natureza. A mesma lei funciona em coisas invisíveis — em pensamentos e ações — e visíveis — nos fenômenos naturais. O homem vê os processos em objetos naturais e age de acordo com eles, mas, não vendo os processos espirituais, imagina que não funcionam, e, portanto, não age em harmonia com eles.

No entanto, esses processos espirituais são tão simples e certos quanto os naturais. São realmente os mesmos modelos *naturais* que se manifestam no mundo da mente. Todas as parábolas e uma grande quantidade de ditados dos grandes mestres foram criados para ilustrar esse fato. O mundo natural é o mundo mental tornado visível. O visível é o espelho do invisível. A porção superior de um círculo não é de modo algum diferente da porção inferior, mas sua esfericidade está revertida. O material e o mental não são dois arcos distintos do universo — são duas metades de um círculo completo. O natural e o espiritual não vivem em eterna inimizade — estão, na verdadeira ordem do universo, eternamente juntos. É no aspecto *não natural* — no abuso da função e capacidade — que a divisão surge, e em que a essência é arrancada, com repetidos sofrimentos, do círculo perfeito do qual tentou se afastar. Todo processo na matéria também é um processo na mente. Toda lei natural tem sua contraparte espiritual.

Considere qualquer objeto natural e você vai perceber seus processos fundamentais na esfera mental se procurar com afinco. Considere, por exemplo, a germinação de uma semente e seu crescimento até se tornar uma planta com o desenvolvimento final de uma flor; e, posteriormente, até voltar à semente outra vez. Isso também é um processo mental. Pensamentos são sementes que, ao cair no solo da mente, germinam e se desenvolvem até alcançar o estágio completo, florescendo em ações boas ou ruins, brilhantes ou patéticas, de acordo com sua natureza, e terminando como sementes de pensamento para ser plantadas novamente em outras mentes. Um professor é um semeador, um agricultor espiritual, enquanto aquele que ensina a si mesmo é o fazendeiro sábio de sua própria horta mental. O cultivo de um pensamento é como o cultivo de uma planta. A semente deve ser plantada na época certa e precisa de tempo para se desenvolver plenamente na planta do conhecimento e na flor da sabedoria.

Enquanto escrevo isto, eu paro e me viro para olhar pela janela do meu estúdio. E ali adiante, a cerca de uns cem metros, há uma árvore alta em cujo topo uma gralha pertencente a um bando, pela primeira vez, construiu seu ninho. Um forte vento nordeste está soprando, fazendo com que o topo da árvore se agite violentamente de um lado para o outro pela ventania. Mesmo assim, não há perigo para aquela frágil estrutura de fibras e gravetos, e a mãe-gralha, sentada sobre seus ovos, não teme a tempestade. Por que isso acontece? Porque a ave, instintivamente, construiu o ninho em harmonia com princípios que garantem a máxima força e segurança. Primeiramente, uma forquilha é escolhida como alicerce para o ninho, e não um espaço entre dois galhos separados, de modo que, por mais que o topo da árvore balance, a posição do ninho não seja alterada, nem sua estrutura abalada. Em seguida, o ninho é construído em um plano circular para ter a maior resistência possível a qualquer pressão externa e a maior compactação interior, de acordo com seu propósito. Assim, por mais feroz que seja a tempestade, os pássaros repousam com conforto e segurança. É um objeto muito simples e familiar. Mesmo assim, na obediência estrita da sua estrutura às leis matemáticas, torna-se, aos olhos de um sábio, uma parábola de iluminação, ensinando-o que, apenas ao ordenar as ações segundo princípios fixos, a certeza perfeita, a segurança perfeita e a paz perfeita são alcançadas em meio à incerteza dos eventos e às tempestades turbulentas da vida.

Uma casa ou um templo construídos pelo homem são estruturas muito mais complicadas do que o ninho de um pássaro, mas, mesmo assim, são erguidos de acordo com princípios matemáticos que estão evidenciados por toda parte na natureza. E aqui se vê como o homem, nas coisas materiais, obedece a princípios universais. Ele nunca tenta construir um prédio desafiando proporções geométricas, pois sabe que uma estrutura assim não seria segura e que a primeira tempestade, muito provavelmente, iria tombá-la — isso se ela não desabasse sobre a cabeça dele durante o processo de construção. O homem, em sua construção material, obedece escrupulosamente aos princípios fixos do círculo, do quadrado e do ângulo e, ajudado pela régua, pelo prumo e pelos compassos, ergue uma estrutura que resistirá às tempestades mais violentas, dando-lhe um abrigo seguro e uma proteção firme.

Tudo isso é muito simples, dirá o leitor. Sim, é simples, pois é verdadeiro e perfeito; tão verdadeiro que não pode admitir nem mesmo o menor dos riscos, e tão perfeito que nenhum homem é capaz de aprimorá-lo. O homem, por sua longa experiência, aprendeu esses princípios do mundo material e vê a sabedoria que existe em obedecê-los. Assim, eu me referi a eles para chegar a uma consideração dos princípios fixos do mundo mental ou espiritual que são tão simples, tão eternamente verdadeiros e perfeitos, mas que, no presente, são tão pouco compreendidos pelo homem que ele os viola dia após dia, ignorante de sua natureza e inconsciente do mal que inflige o tempo todo a si mesmo.

Na mente, assim como na matéria; em pensamentos, assim como nas coisas, em ações, assim como em processos naturais, há um alicerce fixo da lei que, se ignorado de maneira consciente ou por desconhecimento, resulta em desastre e derrota. É, de fato, a violação dessa lei pela ignorância a causa da dor e angústia do mundo. Em termos de matéria, essa lei é apresentada como *matemática*; na mente, é percebida como *moral*. Mas a matemática e a moral não são separadas, nem opostas; são simplesmente dois aspectos de um todo unido.

Os princípios fixos da matemática, à qual toda a matéria está sujeita, são o corpo do qual o espírito é ético, ao passo que os princípios eternos da moralidade são truísmos matemáticos que funcionam no universo da mente. É tão impossível viver com sucesso sendo dissociado de princípios morais quanto construir com sucesso ignorando princípios matemáticos. O caráter, assim como uma casa, só se ergue de maneira firme quando é construído sobre um alicerce de lei moral — e é construído de modo lento e laborioso, ação por ação, pois, na construção do caráter, os tijolos são as ações.

Os negócios e todos os projetos humanos não estão isentos da ordem eterna; só podem se erguer com segurança pela observação de leis fixas. A prosperidade, para ser estável e duradoura, deve repousar sobre um alicerce sólido de princípios morais e ser ancorada pelos pilares fortes de um caráter imaculado e de valor moral. Ao tentar administrar um negócio com intenções que afrontam os princípios morais, o desastre, de uma forma ou de outra, é inevitável. Os homens permanentemente prósperos em qualquer comunidade não são os pilantras ou malandros, e sim os honestos e dignos de confiança. Os quakers são reconhecidos como os homens mais honestos da comunidade britânica, e, embora sejam poucos em número, são os mais prósperos. Os jainistas na Índia são semelhantes em número e valor patrimonial, e são as pessoas mais prósperas daquele país.

Os homens falam de "construir um negócio", e, de fato, um negócio é uma edificação, assim como uma casa de tijolos ou uma igreja de pedra, embora seu processo de construção seja mental. A prosperidade, como uma residência, é um teto sobre a cabeça de um homem, dando-lhe proteção e conforto. Um telhado pressupõe vigas de sustentação, e essas vigas precisam de um alicerce. O telhado da prosperidade, portanto, é sustentado pelos oito pilares abaixo, que são cimentados em uma fundação de consistência moral:

1. ENERGIA
2. ECONOMIA
3. INTEGRIDADE
4. SISTEMA
5. EMPATIA
6. SINCERIDADE
7. IMPARCIALIDADE
8. AUTOCONFIANÇA

Uma empresa construída sob a prática perfeita de todos esses princípios será tão firme e resistente que pode chegar a ser invencível. Nada é capaz de afetá-la; nada pode minar sua prosperidade, nada pode interromper seu sucesso ou derrubá-la. Mas esse triunfo será garantido com crescimento constante desde que os princípios continuem sendo seguidos. Por outro lado, quando esses princípios estão ausentes, não pode haver êxito de qualquer tipo; não pode nem mesmo haver uma empresa, pois não haveria nada para promover a conexão de uma parte a outra; mas haveria aquela falta de vida, a ausência de fibra e consistência que anima e dá corpo e forma a qualquer coisa. Imagine um homem desprovido de todos esses princípios, tanto na mente como na vida cotidiana, e mesmo que seu conhecimento sobre esses princípios seja limitado e imperfeito, ainda assim seria impossível conceber tal homem realizando qualquer trabalho com sucesso. Você pode imaginá-lo levando uma vida confusa como a de um andarilho preguiçoso, mas imaginá-lo na liderança de uma empresa, como o centro de uma organização, ou um agente responsável e controlador em qualquer aspecto da vida — isso não pode ser feito, pois você consegue deduzir que é impossível.

O fato de que ninguém com moralidade e inteligência moderada é capaz de pensar nesse homem no comando de qualquer empreendimento bem-sucedido deveria — a todos que ainda não se deram conta da importância desses princípios e que, portanto, declaram que a moralidade não é um fator, e sim um obstáculo à prosperidade — ser uma prova cabal de que sua conclusão está completamente errada. Se esse argumento estivesse certo, quanto maior o desprezo por esses princípios morais, maior seria o sucesso.

Esses oito princípios, então, em maior ou menor grau, são os fatores causais de todo êxito, de qualquer natureza. Sob toda a prosperidade, são os apoios fortes e, por mais que as aparências possam indicar outra conclusão, uma medição deles informa e sustenta todo o esforço que é coroado com a excelência que os homens chamam de sucesso.

É verdade que, comparativamente, poucos homens bem-sucedidos praticam todos esses oito princípios integral e perfeitamente, mas há aqueles que o fazem. São os líderes, professores e guias dos homens, as vigas de sustentação da sociedade humana e os fortes pioneiros da evolução humana.

Mas, enquanto poucos alcançam a perfeição moral que leva ao ápice do sucesso, todas as conquistas menores se originam na observação parcial desses oito princípios, tão poderosos na produção de bons resultados que até mesmo a perfeição em quaisquer dois ou três deles, isoladamente, é suficiente para garantir um grau razoável de prosperidade e manter uma boa quantidade de influência local, pelo menos por algum tempo. Do mesmo modo, a perfeição em dois ou três deles, com excelência parcial em todos, ou quase todos, os outros, tornará permanentes o sucesso e a influência limitados, que, necessariamente, vão crescer e se estender na mesma proporção com conhecimento e prática mais íntimos dos princípios, que, por ora, estão apenas parcialmente incorporados ao caráter.

Os limites da moralidade de um homem marcam os limites do seu sucesso. Isso é tão verdadeiro que conhecer o status moral de um homem seria conhecer — para mensurar matematicamente — seu sucesso ou fracasso final. O Templo da Prosperidade só se sustenta enquanto estiver escorado por seus pilares morais; conforme estes se enfraquecem, a estrutura fica instável; se forem removidos, ela desmorona e se transforma em ruínas.

O fracasso e a derrota são inevitáveis quando princípios morais são ignorados ou desafiados —inevitáveis na natureza das coisas como causa e efeito. Assim como uma pedra lançada ao ar volta para a terra, toda ação, boa ou ruim, retorna àquele que a executa. Todo ato imoral frustra o fim a que se propõe, e cada ato subsequente o deixa cada vez mais distante de alcançar uma realização. Por outro lado, cada ato moral é mais um tijolo sólido no Templo da Prosperidade, uma nova rodada de força e beleza esculpida nos pilares que o sustentam.

Indivíduos, famílias e nações crescem e prosperam em harmonia com seu crescimento em força moral e conhecimento, mas vacilam e tombam de acordo com sua decadência moral.

Mentalmente, tanto quanto fisicamente, apenas o que tem forma e solidez pode se sustentar e perdurar. A falta de moralidade é o vazio e, a partir dela, nada pode ser formado. É a negação da substância. A imoralidade é a destruição. É a negação da forma. É um processo de desnudação espiritual. Enquanto mina e desintegra, ela deixa o material espalhado, pronto para que o construtor sábio lhe dê forma outra vez, e o construtor sábio é a *moralidade*. A moral é substância, forma e poder construtivo, todos juntos em um único conceito. A moralidade sempre edifica e preserva, pois essa é sua natureza, sendo o oposto da imoralidade, que sempre fragmenta e destrói. A moralidade é a construtora mestra em tudo, seja em indivíduos, seja em nações.

A moralidade é invencível. Aquele que se ergue sobre ela até o fim está no alto de uma rocha indestrutível, de modo que sua derrota é impossível e o triunfo, certo. Essa pessoa será testada ao máximo, pois, sem luta, não pode haver vitória. E, somente assim, seus poderes morais podem ser aprimorados, pois é da natureza dos princípios fixos, como tudo que é criado com esmero e perfeição, ter sua força testada e comprovada.

As barras de aço destinadas às melhores e mais fortes finalidades no mundo devem ser submetidas a pressões enormes pelo forjador, como um teste de sua textura e eficiência, antes de ser despachadas da fundição. O fabricante de tijolos descarta os blocos que racharam sob o calor extremo. Da mesma maneira, quem está destinado a obter permanente sucesso passará pelos desafios de circunstâncias adversas e pelo fogo da tentação com sua natureza moral não apenas incólume, como também reforçada e embelezada. Será como uma barra de aço bem forjada, capaz de ser usada para os fins mais nobres. E o universo verá, assim como o forjador viu no aço mais bem fundido, que tal uso não lhe escapa.

A imoralidade é atacável por todos os lados; quem tenta se erguer sobre ela acaba afundando no pântano da desolação. Ainda que seu esforço pareça firme, ele está desmoronando. O clímax do fracasso é inevitável. Enquanto o homem imoral ri com seus ganhos ilícitos, já existe um buraco em seu bolso pelo qual o ouro lhe escapa. Ao mesmo tempo, quem começa com a moralidade, mas a abandona em busca de ganhos quando é testado, é como o tijolo que se quebra sob pressão e calor; não é adequado para uso, e o universo o deixa de lado, embora não de maneira definitiva. Ainda assim, ele é uma pessoa, não um tijolo; pode viver e aprender, pode se arrepender e ser restaurado.

A força moral é a vida de todo sucesso e o elemento que sustenta toda a prosperidade; mas há vários tipos de sucesso, e frequentemente é necessário que um homem fracasse em alguma empreitada para que possa alcançar uma realização ainda maior e mais abrangente. Se, por exemplo, um gênio literário, artístico ou espiritual, começa a tentar ganhar dinheiro, talvez, como normalmente acontece, seja benéfico para si e sua genialidade que ele fracasse, de modo a alcançar uma vitória mais sublime onde está seu verdadeiro poder.

Muitos milionários, sem dúvida, estariam dispostos a trocar seus milhões pelo sucesso literário de Shakespeare ou pelo êxito espiritual de Buda, considerando assim que fizeram um bom negócio. A glória espiritual extraordinária raramente é acompanhado por riquezas. Mesmo assim, o sucesso financeiro não pode, de modo algum, ser comparado ao espiritual em grandiosidade e grandeza. Mas não estou, neste livro, tratando da glória do santo ou do gênio espiritual, e sim do sucesso relacionado a uma vida digna, ao bem-estar e à felicidade do homem e da mulher medianos; em suma, da prosperidade, que, embora esteja mais ou menos ligada a dinheiro, sendo presente e temporal, não se limita a ele — ela se estende e abrange todas as atividades humanas. Está relacionada à harmonia do indivíduo com as próprias circunstâncias, produzindo a satisfação conhecida como felicidade e o conforto definido como prosperidade. Para alcançar essa meta, tão desejável à massa da humanidade, vejamos como os oito princípios operam, como o telhado da prosperidade é erguido e sustentado com firmeza pelos pilares sobre os quais está construído.

PRIMEIRO PILAR

ENERGIA

A energia é o poder que age em todas as conquistas. Ela converte o carvão inerte em fogo e transmuta a água em vapor; vivifica e intensifica o talento mais comum até transformá-lo em algo próximo do genial. Quando toca a mente de um palerma, transforma-a em uma chama viva, que, até então, dormia em meio à inércia.

A energia é uma virtude moral. O vício que a ela se contrapõe é a preguiça. Como virtude, pode ser cultivada, e o homem preguiçoso pode se encher de energia ao se forçar a agir. Comparado com o homem repleto de energia, o preguiçoso não chega nem a estar vivo pela metade. Mesmo enquanto este último fala sobre a dificuldade de fazer algo, o primeiro já está fazendo. O homem ativo já fez um trabalho considerável antes que o preguiçoso se levante da cama. Enquanto o preguiçoso espera por uma oportunidade, o homem ativo já saiu, encarou e aproveitou meia dúzia de oportunidades. Ele faz coisas enquanto o outro ainda se espreguiça.

A energia é uma das forças primárias; sem ela, nada pode ser realizado. É o elemento básico em todas as formas de ação. Todo o universo é uma manifestação da energia incansável, mesmo que impenetrável. Energia, de fato, é vida. E sem ela não haveria universo nem vida. Quando um homem deixa de reagir, quando o corpo jaz inerte e todas as funções deixam de atuar, dizemos que está morto. E, enquanto um homem deixar de agir, estará morto. O homem, mental e fisicamente, foi criado para a ação, e não para o ócio abjeto. Cada músculo do corpo (sendo uma alavanca para o esforço) é um castigo para o preguiçoso. Cada osso e nervo foi criado para resistir; cada função e faculdade mental existe para um uso legítimo. Todas as coisas têm seu fim na ação; todas as coisas são aperfeiçoadas com o uso.

Sendo assim, para o homem preguiçoso não há prosperidade, não há felicidade, não há refúgio e não há sossego; para ele, não há nem mesmo a tranquilidade que ele almeja, pois, no fim, torna-se um pária sem teto, um homem perturbado, atormentado e desprezado. Tanto é assim que o provérbio sabiamente descreve a situação: "O homem preguiçoso é aquele que faz o maior esforço", pois, ao evitar o uso sistemático das habilidades, traz para si as maiores dificuldades.

Ainda assim, uma energia mal aplicada é melhor do que nenhuma energia. Isso é descrito de maneira muito poderosa nas palavras de São João: "Prefiro que sejas quente ou frio; se fores morno, hei de cuspi-lo por entre os lábios". Os extremos do calor e do frio, aqui, simbolizam a ação transformadora da energia, nos aspectos bons e ruins.

O estágio morno é incolor, sem vida, inútil; mal se pode dizer que tenha alguma virtude ou vício, sendo meramente vazio, infértil e infrutífero. O homem que aplica sua energia abundante para fins escusos, com o próprio poder que usa para alcançar esses objetivos questionáveis, atrairá para si tantas dificuldades, dores e tristezas que será compelido a aprender pela experiência, até finalmente reformar sua base de ação. No momento certo, quando a mente dele se abrir para melhores propósitos, vai se virar e abrir novos canais para que seu poder possa fluir, e será tão forte na bondade quanto já foi na maldade. Essa verdade é lindamente cristalizada no velho provérbio: "Quanto maior é o pecado, maior é o santo".

Energia é poder, e sem ela não há realizações. Não haverá nem mesmo virtude, pois a virtude não consiste somente em não fazer o mal, e sim, principalmente, em fazer o bem. Há aqueles que tentam, mas fracassam por ter energia insuficiente. Seus esforços são frágeis demais para produzir resultados positivos. Não se pode considerar que tenham algum vício, e, como nunca causam nenhum dano deliberado, geralmente se diz que são bons homens que fracassam. Mas não ter a iniciativa de causar o mal não significa fazer o bem; isso é apenas ser fraco e impotente. O homem verdadeiramente bom é aquele que, tendo o poder de fazer o mal, ainda assim escolhe canalizar sua energia para fazer o bem. Sem uma quantidade considerável de energia, portanto, não haverá poder moral. Qualquer que seja o bem, ele será latente e dormente; não haverá esforços para o bem, assim como não pode haver movimento mecânico sem força motriz.

A energia é o poder formativo em tudo que é feito em cada aspecto da vida, seja ao longo do plano material ou espiritual. O chamado à ação, que vem não somente do soldado, como dos lábios ou da caneta de cada professor em todos os níveis de pensamento, é um chamado para que os homens ativem sua energia dormente e executem vigorosamente as tarefas que estão à mão. Até mesmo os homens dedicados à contemplação e meditação nunca param de incitar seus discípulos ao esforço do pensamento meditativo. A energia, da mesma forma, é necessária em todas as esferas da vida, e não só as regras do soldado, do engenheiro e do comerciante são regras de ação, como praticamente todos os preceitos dos salvadores, sábios e santos são preceitos de ação.

O conselho de um dos grandes mestres aos seus discípulos: "Permaneçam despertos", expressa de modo conciso a necessidade de uma energia incansável se alguém deseja cumprir seu propósito. É um conselho igualmente bom tanto para o vendedor como para o santo. "A eterna vigilância é o preço da liberdade", e liberdade é alcançar o objetivo determinado por alguém. Foi o mesmo mestre que disse: "Se algo deve ser feito, que um homem o faça de uma vez; que ataque com vigor!". A sabedoria desse conselho é vista quando lembramos que a ação é criativa, que o aumento e o desenvolvimento acompanham o uso legítimo. Para obter mais energia, devemos usar toda aquela que já temos. Somente àquele isso é dado. Somente àquele que se dedica vigorosamente a alguma tarefa vêm o poder e a liberdade.

Mas, para ser produtiva, a energia não deve ser direcionada unicamente a bons fins. Deve ser cuidadosamente controlada e conservada. "A conservação da energia" é um termo moderno e expressa o princípio da natureza pelo qual nenhuma energia é desperdiçada ou perdida. O homem cuja energia será frutífera em resultados deve trabalhar de modo inteligente de acordo com esse princípio. Ruído e pressa são manifestações de energia desperdiçada. "Mais pressa, menos velocidade." A maior quantidade de ruído geralmente acompanha a menor quantidade de realizações. Com muita conversa, pouca coisa é feita. O vapor em movimento não é ouvido. É o vapor que escapa que faz um ruído estridente. É a pólvora concentrada que impele a bala rumo ao alvo.

Assim como um homem intensifica sua energia ao conservá-la e a concentra para realizar seu propósito, ele também conquista a quietude e o silêncio em resposta à tranquilidade. É uma ilusão pensar que ruído significa poder. Não existe uma criança mais imatura do que o homem espalhafatoso que vive se gabando dos próprios feitos. Fisicamente, é um homem. Mentalmente, entretanto, é um bebê; não tendo força para nada e nenhuma trabalho para mostrar, tenta compensar esse fato proclamando aos quatro ventos o que fez, ou o que poderia fazer.

"Águas calmas escondem fortes correntezas." As grandes forças universais são inaudíveis. Onde há calma está o maior poder. A calma é a indicação certeira de uma mente forte, bem treinada e pacientemente disciplinada. O homem calmo conhece seus assuntos, tenha certeza disso. Suas palavras são poucas, mas dizem muito. Seus planos são bem orquestrados e funcionam bem, assim como uma máquina bem ajustada. Ele enxerga adiante e vai direto ao seu objetivo. Sua inimiga, a dificuldade, ele converte em amiga e faz uso proveitoso dela, pois estudou muito bem como "concordar com o adversário enquanto ele está no caminho com ele". Como um general experiente, já antecipou todas as possíveis emergências. De fato, ele é o *homem que se preparou de antemão*. Em suas meditações, aconselhado por seu juízo, já debateu com as causas e percebeu todas as contingências. Nunca é pego de surpresa, nunca age apressadamente. É seguro na própria firmeza e sabe onde está pisando. Você pode achar que o encurralou, apenas para descobrir, no momento seguinte, que tropeçou na própria pressa e que foi ele quem encurralou você. Ou melhor: que você, querendo tranquilidade, precipitou-se no dilema que havia preparado para ele.

O impulso que você tem não é capaz de enfrentar o raciocínio dele, sendo derrotado no primeiro ataque. A energia bruta que você tem não pode rechaçar o fluxo sabiamente direcionado do poder concentrado que ele tem. Ele está "armado em todos os pontos". Com um jiu-jítsu mental adquirido por meio da autodisciplina, ele enfrenta a oposição de maneira que ela mesma se destrói. Insulte-o com palavras irritadas, e a repreensão escondida na resposta gentil encontrará o âmago da tolice com a qual você agiu. O fogo da raiva que você sente afundará nas cinzas do remorso. Aborde-o com uma familiaridade vulgar, e o olhar de resposta encherá você de vergonha, forçando-o a recobrar o bom senso. Por estar preparado para todos os eventos, ele está pronto para todos os homens — embora nenhum homem esteja pronto para ele. Todas as fraquezas são reveladas em sua presença, e ele comanda com uma força intrínseca que a calma transformou em algo habitual e inconsciente.

A calma, diferentemente da placidez morta do langor, é o ápice da energia concentrada. Há uma energia mental focada por trás dela. Em meio à agitação e empolgação, a mentalidade é dispersa. É irresponsável, sem força ou peso. O homem destemperado, rabugento e irritável não tem influência. Ele repele, em vez de atrair. Imagina por qual motivo seu vizinho "simpático" tem sucesso e é procurado, enquanto ele, que está sempre apressado, preocupado e atribulado, chamando tudo isso de *esforço*, cai e é evitado. Seu vizinho, sendo um homem mais calmo — não necessariamente mais simpático, porém mais racional — realiza mais trabalho, o faz de maneira mais habilidosa, é mais controlado e valoroso. Essa é a razão de seu sucesso e influência. Sua energia é controlada e usada, enquanto a energia do outro homem é dissipada e abusada.

A energia, portanto, é o primeiro pilar no Templo da Prosperidade. Sem ela, o primeiro e mais fundamental equipamento, não pode haver prosperidade. Não ter energia significa não ter capacidade. Não há respeito próprio nem independência. Entre os desempregados são encontrados muitos que continuam nessa condição pela simples falta desse primeiro elemento essencial: a energia para o trabalho. O homem que passa várias horas por dia em uma esquina com as mãos nos bolsos e um cachimbo na boca, esperando que alguém lhe pague uma cerveja, tem pouca chance de encontrar um emprego, ou aceitar uma oferta se ela chegar. Fisicamente flácido e mentalmente inerte, ele piora dia após dia, ficando cada vez mais inapto para o trabalho — e, portanto, inapto para viver. O homem ativo pode passar por períodos temporários de desemprego e sofrimento, mas é impossível ficar desocupado permanentemente. Ele acabará encontrando ou criando trabalho, pois a inércia lhe é dolorosa, e o trabalho é um prazer — e aquele que encontra prazer no trabalho jamais ficará desempregado por muito tempo.

O homem preguiçoso não deseja ser empregado. Está em seu elemento natural quando não faz nada. Seu objetivo maior é evitar o esforço. Vegetar em um estado entorpecido é sua perspectiva de felicidade. É alguém indigno e imprestável. Até mesmo o socialista mais extremo, que associa o desemprego aos ricos, dispensaria alguém preguiçoso, negligente e pouco lucrativo. Fazendo isso, acrescentaria mais um ao bojo dos desempregados, pois a preguiça é um dos vícios mais desprezíveis, repulsivo a todos os homens ativos e sensatos.

Mas a energia é um poder composto. Ela não existe sozinha. Tem em si qualidades que promovem a criação de um caráter vigoroso e a produção de prosperidade. Essas qualidades estão contidas, principalmente, nas quatro características a seguir:

1. PRONTIDÃO
2. VIGILÂNCIA
3. DILIGÊNCIA
4. DEDICAÇÃO

O pilar da energia, portanto, é uma massa concreta composta por estes quatro elementos tenazes. São abrangentes, resistentes e projetados de modo a suportar as piores intempéries ou adversidades. Todos resultam em vida, poder, capacidade e progresso.

A *prontidão* é uma posse valiosa. Dela advém a confiabilidade. Pessoas que são alertas, preparadas e pontuais são dignas de confiança. Pode-se confiar nelas para cumprir com seus deveres, fazendo isso de maneira vigorosa e bem. Chefes com prontidão são um tônico para seus empregados, e uma chibata para aqueles com inclinação à preguiça. São um meio saudável de disciplina para quem é incapaz de disciplinar a si mesmo. Assim, enquanto melhoram os próprios desempenho e sucesso, contribuem para o desempenho e sucesso das outras pessoas. O trabalhador ineficiente, que está sempre procrastinando e atrasado, torna-se um incômodo — se não a si mesmo, aos outros. E seus serviços sempre são encarados como algo de pouco valor econômico. A deliberação e a eficiência, as assistentes da prontidão, são auxílios valiosos para alcançar a prosperidade. Em canais de negócios comuns, a rapidez é uma energia salvadora, e a prontidão se traduz em lucro. É duvidoso se um procrastinador convicto chegar a obter êxito nos negócios. Ainda não encontrei nenhum homem assim, embora tenha conhecido vários que fracassaram.

A *vigilância* é a guardiã de todas as competências e poderes da mente. É a detetive que impede a entrada de qualquer elemento violento e destrutivo. É a companheira íntima e protetora de todo o sucesso, liberdade e sabedoria. Sem essa postura vigilante da mente, um homem é um tolo. E não há prosperidade para um tolo. O tolo permite que a mente seja saqueada e roubada de sua seriedade, serenidade e juízo por pensamentos cruéis e paixões violentas que chegam para molestá-lo. Ele nunca está em guarda, e deixa as portas da mente abertas a todo intruso nefasto. É tão fraco e instável que pode ser derrubado por qualquer impulso que o domine. É também um exemplo daquilo que as outras pessoas não devem ser. É sempre um fracasso, pois o tolo é uma ofensa a todos os homens. E não há sociedade capaz de recebê-lo com respeito. Assim como a sabedoria é o ápice da força, a tolice é o ponto extremo da fraqueza.

A falta de vigilância se mostra na irracionalidade e em uma negligência geral relativa aos detalhes comuns da vida. A irracionalidade é simplesmente outro nome para a tolice. Está na raiz de uma quantidade enorme de fracassos e infelicidades. Ninguém que almeje qualquer espécie de utilidade e prosperidade (já que a utilidade e a prosperidade a si mesmo não podem ser fornecidas) pode se dar ao luxo de cochilar em relação às próprias ações e aos efeitos dessas ações em outras pessoas — e, reativamente, sobre si mesmo. Deve, ainda no início da carreira, despertar sua responsabilidade pessoal. Precisa saber que, onde quer que esteja — em casa, em um escritório de contabilidade, no púlpito, no mercado, na escola ou atrás do balcão, acompanhado ou sozinho, no trabalho ou no lazer — sua conduta vai afetar materialmente a carreira para o bem ou para o mal, pois há uma influência sutil no comportamento que deixa sua impressão em cada homem, mulher e criança que toca. Essa impressão é o fator determinante na postura das pessoas em relação umas às outras. É por isso que o cultivo de boas maneiras tem um papel tão importante em toda sociedade coerente. Se você tem alguma característica mental perturbadora ou desagradável, ela não precisa ter um nome ou ser conhecida para contaminar suas relações. Sua influência corrosiva vai deteriorar todo o seu esforço e desfigurar sua felicidade e prosperidade, assim como um ácido poderoso deteriora e desfigura o melhor aço.

Por outro lado, se você expuser uma excelência mental harmoniosa e segura, não é preciso que as pessoas à sua volta a compreendam para ser influenciadas por ela. Elas serão atraídas até você por sua própria vontade, frequentemente sem saber o porquê. E essa boa qualidade será a característica mais poderosa em suas relações, trazendo-lhe amigos e oportunidades, ajudando enormemente no sucesso de todas as suas empreitadas. Será capaz até mesmo de corrigir pequenas incapacidades, cobrindo uma multitude de defeitos.

Assim, recebemos, das mãos do mundo, de acordo com o que doamos. Para o mal, o que é ruim; para o bem, o que é bom. Para uma conduta anormal, influência indiferente e êxito imperfeito; para uma conduta superior, poder duradouro e conquistas consumadas. Nós agimos, e o mundo responde. Quando o homem tolo fracassa, ele culpa outras pessoas e não vê erro algum em si mesmo; mas o homem sábio observa e corrige a própria conduta, e assim, seu sucesso é garantido.

O homem cuja mente é vigilante e alerta, portanto, tem um equipamento valioso para alcançar suas metas; e, se estiver plenamente vivo e desperto em todas as ocasiões, a todas as oportunidades e contra todos os defeitos nocivos do caráter, qual evento, qual circunstância e qual inimigo vão encurralá-lo e encontrá-lo despreparado? O que vai impedi-lo de alcançar o que é legítimo e ele almeja?

A *diligência* traz alegria e abundância. Pessoas vigorosamente diligentes são os membros mais felizes da comunidade. Nem sempre são os mais ricos, considerando que a riqueza é a superficialidade do dinheiro, mas são sempre os mais alegres e aqueles com o coração mais leve, os mais satisfeitos com o que têm. Assim, são os mais ricos, considerando que os mais ricos são aqueles mais abundantemente abençoados. Pessoas ativas não têm tempo para se lamentar e choramingar, ou para se deter de maneira egoísta apenas aos próprios males e problemas. As coisas mais usadas são as mais brilhantes, e as pessoas mais ocupadas retêm melhor o brilho e a felicidade de espírito. Coisas que não são usadas são as que se deterioram mais rápido; aquele que desperdiça seu tempo é atacado pelo tédio e por desejos mórbidos. Dizer que precisa "matar o tempo" é quase uma confissão de imbecilidade. Quem é capaz, durante a curta vida que tem, em um mundo tão repleto de recursos e conhecimento, com cabeça sábia e bom coração, de preencher cada momento de cada dia de modo útil e feliz, e se refere ao tempo, será apenas para mencionar que ele é curto demais para que possa fazer tudo de que gostaria.

A diligência também fomenta a saúde e o bem-estar. O homem ativo vai para a cama cansado todas as noites; seu repouso é constante e doce, e ele acorda cedo pela manhã, renovado e fortalecido para mais um dia de trabalho gratificante. Seu apetite e digestão são bons. Há um bom tempero no lazer e um bom tônico no trabalho. Por que um homem assim deve ter por companheiras a lamentação e a melancolia? Disposições mórbidas como essas pairam sobre aqueles que fazem pouco, mas se empanturram. Pessoas que encontram maneiras de ser úteis à comunidade recebem a justa retribuição, sua cota de saúde, felicidade e prosperidade. Iluminam as tarefas diárias e mantêm o mundo girando. São o ouro da nação e o sal da terra.

"*A dedicação*", disse um grande mestre, "é o caminho para a imortalidade. Quem age com dedicação não morre; quem não exerce a dedicação, é como se já estivesse morto". A dedicação é o empenho integral da mente na sua tarefa. Vivemos apenas naquilo que fazemos. Pessoas dedicadas ficam insatisfeitas com tudo que não alcança o máximo padrão de excelência naquilo que fazem. E sempre alcançam essa excelência. Há muitos que são descuidados e pouco animados. Satisfazem-se tanto com um desempenho ruim, que os mais dedicados brilham quando comparados a eles em sua excelência. Há sempre uma quantidade enorme de "vagas abertas" nas fileiras da utilidade e do serviço para pessoas dedicadas.

Nunca houve, e nunca haverá, uma mulher ou um homem profundamente dedicado que não preencha com sucesso algum nicho adequado. Tais pessoas são escrupulosas, conscientes e detalhistas. Não conseguem descansar até que o melhor seja feito. E todo o mundo está sempre atento para recompensar os melhores. Está sempre pronto a pagar o valor integral, seja em dinheiro, fama, amigos, influência, felicidade, escopo ou vida, pois tudo isso é o reflexo da excelência, seja em assuntos materiais, intelectuais ou espirituais.

Seja quem você for — um dono de loja ou um professor virtuoso — pode seguramente dar o seu melhor ao mundo sem qualquer dúvida ou apreensão. Se a marca indelével da sua dedicação está nas suas mercadorias, no primeiro caso, ou nas suas palavras, no segundo, sua empresa vai prosperar, ou seus preceitos vão se eternizar.

Pessoas dedicadas fazem progresso rápido, tanto no trabalho como no caráter. É assim que vivem e "não morrem", pois a estagnação é apenas a morte. E onde há progresso incessante e excelência crescente, a estagnação e a saúde são engolidas pela atividade e pela vida.

Assim se explica o feitio e a alvenaria do primeiro pilar. Quem o constrói bem e o ancora com firmeza e retidão terá uma sustentação firme nos negócios e na vida.

SEGUNDO PILAR
ECONOMIA

Diz-se que a natureza não conhece o vácuo. Ela também não conhece o desperdício. Na economia divina da natureza, tudo é conservado e transformado em algo útil. Até mesmo excrementos são quimicamente transformados e utilizados na composição de novas matérias. A natureza destrói todas as impurezas. Não pela aniquilação, e sim pela transmutação, limpando e purificando, fazendo com que sirva ao objetivo das coisas que são belas, úteis e boas.

Essa economia, que na natureza é um princípio universal, é, no homem, uma qualidade moral, e é essa qualidade pela qual ele preserva sua energia e sustenta seu lugar como uma unidade funcional no esquema das coisas.

A economia financeira é meramente um fragmento desse princípio, ou melhor: é um símbolo material da economia puramente mental — e suas transmutações, espirituais. O economista financeiro troca cobre por prata, prata por ouro, ouro por cédulas, e as cédulas são convertidas nos números de uma conta bancária. Com essas conversões de dinheiro em formas mais facilmente transmissíveis, ele melhora a administração financeira de seus negócios. O economista espiritual transmuta paixões em inteligência, inteligência em princípios, princípios em sabedoria. E a sabedoria se manifesta em ações, que são poucas, mas têm um efeito poderoso. Com todas essas transmutações, ele melhora em temos de caráter e na administração da própria vida.

A verdadeira economia é o caminho que intermedeia todas as coisas, sejam materiais ou mentais, entre o desperdício e a retenção indevida. Aquilo que é desperdiçado, seja dinheiro ou energia mental, perde todo seu poder; aquilo que é retido de maneira egoísta e acumulado, da mesma maneira, não tem poder. Para garantir o poder, seja de capital ou de mentalidade, deve haver concentração, porém a concentração deve ser seguida pelo uso legítimo. O acúmulo de dinheiro ou energia é só um meio — o fim é o uso. E é apenas o uso que produz poder.

Uma economia abrangente consiste em encontrar o elo entre os seguintes elementos: *dinheiro, comida, vestuário, lazer, descanso, tempo* e *energia.*

Dinheiro é o símbolo das trocas e representa o poder de compra. Quem está ansioso para adquirir riqueza financeira, assim como quem deseja evitar a dívida, deve estudar como fracionar os gastos de acordo com a renda para criar uma margem cada vez maior de capital de giro, ou ter uma reserva à disposição para qualquer emergência. Dinheiro gasto com despesas impensadas — em prazeres inúteis ou luxos nocivos — é dinheiro desperdiçado e poder destruído. Embora sejam um poder limitado e subordinado, os meios e a capacidade de compra legítima e virtuosa, apesar de tudo, são um poder, algo que se faz presente nos detalhes do nosso dia a dia.

Esbanjadores jamais conseguirão enriquecer, e se começar em meio à riqueza, logo empobrecerão. O avarento, com todo seu ouro acumulado, não pode se dizer rico, pois vive sem conforto. E o poder de compra do seu ouro, trancafiado e ocioso, acaba neutralizado. Os prudentes e conscientes estão no caminho da riqueza, pois, ainda que gastem de maneira sábia, também poupam cuidadosamente. E, gradualmente, ampliam sua esfera de ação conforme as reservas aumentam.

O pobre que deseja enriquecer deve começar de baixo. Não deve desejar nem tentar parecer abonado, adquirindo bens muito além da sua capacidade de compra. Há sempre muito espaço e lugar na parte de baixo da pirâmide, e é uma posição segura para começar, já que não há nenhum patamar mais baixo e todo o resto está acima. Vários jovens empresários enfrentam a dor pelo exibicionismo e pela ostentação que imaginam, tolamente, ser necessários para o sucesso, mas não estão enganando a ninguém além de si mesmos, rumando rapidamente à ruína.

Um começo modesto e sincero, em qualquer esfera, garantirá melhor o triunfo do que um alarde exagerado sobre a condição e importância de uma pessoa. Quanto menor for o capital, menor deve ser a esfera de atuação. Capital e escopo são como mão e luva, e devem se encaixar bem. Concentre o seu capital no círculo do poder à sua disposição. Por mais que esse círculo seja limitado, ele continuará a crescer e se expandir à medida que o acúmulo de poder pressiona por expressão.

Acima de tudo, tome sempre cuidado para evitar os dois extremos da parcimônia e do desperdício.

Comida representa vida, vitalidade, força física e mental. Há um elo entre o ato de comer e beber, assim como em todas as outras coisas. O homem que deseja alcançar a prosperidade deve estar bem nutrido, mas não em excesso. O homem que força o corpo a definhar, seja por avareza ou misticismo (duas formas de falsa economia) diminui a energia mental e debilita o corpo para ser o instrumento de qualquer grande conquista. Esse homem corteja pensamentos doentios, uma condição que leva apenas ao fracasso.

O glutão, por sua vez, destrói-se pelo excesso. Seu corpo embrutecido se torna um reservatório de venenos armazenados, que atraem doenças e degradação, enquanto a mente fica cada vez mais brutalizada e confusa — portanto, mais incapaz. A gula é um dos vícios mais vis e abomináveis, obstrutiva a todos que buscam uma trajetória moderada.

Os melhores trabalhadores e homens de maior sucesso são os mais moderados ao comer e beber. Nutrindo-se suficientemente, mas não em excesso, atingem a melhor condição física e mental. Estando equipados assim pela moderação, são capazes de lutar com vigor e alegria na batalha da vida.

O *vestuário* é cobertura e proteção para o corpo, embora seja frequentemente afastado desses propósitos, tornando-se apenas uma maneira de se exibir. Os dois extremos a evitar aqui são a negligência e a vaidade. A roupa não pode nem precisa ser ignorada, e a limpeza é de suma importância. A mulher ou o homem malvestidos, ou encardidos, atraem o fracasso e a solidão. As vestimentas de um homem devem estar em harmonia com sua posição na vida, e devem ser de boa qualidade, bem-feitas e adequadas. As roupas não devem ser descartadas enquanto ainda são relativamente novas, e devem ser vestidas por tempo suficiente. Se um homem for pobre, não perderá o respeito próprio ou o dos outros ao vestir roupas puídas, desde que estejam bem cuidadas e seu corpo, limpo e asseado. Mas a vaidade, que leva a um luxo excessivo em vestuário, é um vício que deve ser atentamente evitado por pessoas virtuosas. Conheço uma mulher que tinha quarenta vestidos no guarda-roupa e, também, um homem que tinha vinte bengalas, a mesma quantidade de chapéus e mais de uma dúzia de sobretudos. Outro, ainda, tinha vinte ou trinta pares de bota. Pessoas ricas que desperdiçam dinheiro desse modo em pilhas de roupas supérfluas estão cortejando a pobreza. Isso é desperdício, e o desperdício leva à escassez. O dinheiro gasto de maneira tão leviana poderia ser mais bem utilizado, pois o sofrimento é abundante e a caridade, um ato nobre.

Uma ostentação exagerada de roupas e joias indica uma mente vulgar e vazia. Pessoas cultas e modestas são simples e elegantes ao se vestir, e o dinheiro que lhes sobra é usado com sabedoria para aprimorar sua cultura e virtude. A educação e o progresso têm mais importância para elas do que vestimentas fúteis e desnecessárias; e a literatura, arte e ciência são, portanto, encorajadas. Um verdadeiro refinamento está na mente e no comportamento, e uma mente repleta de virtude e inteligência não pode acrescentar à sua atratividade (embora possa diminui-la) uma ostentação espalhafatosa do corpo. O tempo que se passa adornando o corpo inutilmente poderia ser empregado de maneira mais frutífera. A simplicidade no vestir, assim como em outras coisas, é melhor. Ela alcança o ponto de excelência na utilidade, conforto e graça corporal, e indica verdadeiro bom gosto e refinamento cultivado.

O *lazer* é uma das necessidades da vida. Cada homem e mulher deve ter um legado definitivo como o principal objetivo da própria vida, ao qual uma quantidade considerável de tempo deve ser dedicada. Esse trabalho só deve ser deixado de lado por períodos curtos e limitados para lazer e descanso. O objetivo do lazer é um relaxamento maior tanto do corpo como da mente, com aumento de energia no trabalho sério que a pessoa desenvolve. Portanto, é um meio, não um fim; e isso deve ser levado em conta, pois, para muitos, algumas formas de lazer boas e inocentes se tornam tão fascinantes que correm o risco de se transformar em um fim em sua vida, abandonando o dever de gerar bem-estar.

Fazer da vida uma série incessante de jogos e prazeres, sem outro objetivo, é virá-la de cabeça para baixo. Isso provoca monotonia e irritação, e pessoas que o fazem são as mais infelizes entre os mortais. Sofrem com apatia, tédio e mesquinhez. Assim como o tempero ajuda a digestão, o lazer só tende a levar à tristeza quando se torna o principal objetivo da vida. Quando um homem termina as tarefas do dia, pode se dedicar ao lazer com a mente livre e o coração leve. E tanto o trabalho como o prazer serão, aos seus olhos, uma fonte de felicidade.

Particularmente, é uma verdadeira economia não dedicar todo o seu tempo nem ao trabalho nem ao lazer, e sim conceder a cada atividade seu tempo e lugar. Agindo assim, pode-se preencher a vida com as modificações que são necessárias a uma vida longa e uma existência frutífera.

Todas as mudanças aprazíveis são lazer. O trabalhador mental melhora tanto a qualidade como a quantidade do seu desempenho ao encerrar o expediente no horário adequado para se dedicar a uma atividade recreativa relaxante e revigorante. Por outro lado, o trabalhador físico melhora em todos os aspectos ao se dedicar a alguma forma de estudo como passatempo ou meio de educação.

Como não passamos o tempo todo comendo, dormindo ou descansando, também não devemos passá-lo fazendo exercícios ou os dedicando ao prazer. Mesmo assim, devemos dar ao lazer seu devido lugar como tônico natural no esquema econômico da nossa vida.

O *descanso* é necessário à recuperação após o trabalho. Todo ser humano que respeita a si mesmo deve trabalhar o suficiente a cada dia para que seu sono seja doce e revigorante e o despertar, renovado e radiante.

É necessário dormir por tempo suficiente, mas não em excesso. O excesso, por um lado, e a insuficiência, por outro, são igualmente nocivos. É fácil descobrir a quantidade de sono de que uma pessoa precisa. Se for dormir cedo e acordar cedo (levantando um pouco mais cedo a cada manhã, se tiver o hábito de passar muito tempo na cama), a pessoa logo vai conseguir mensurar com precisão e ajustar o número de horas de que necessita para uma recuperação completa. Ela descobrirá, conforme as horas de sono vão sendo abreviadas, que o sono se torna cada vez mais profundo e repousante — e o despertar, cada vez mais alerta e agradável. Pessoas que esperam prosperar no trabalho não devem ceder ao conforto ignóbil e ao exagero no sono. O trabalho produtivo, e não o conforto, é o verdadeiro objetivo da vida. E o conforto só é bom enquanto serve aos objetivos do trabalho.

A preguiça e a prosperidade jamais podem ser aliadas, e não podem nem mesmo se aproximar uma da outra. O preguiçoso jamais vai alcançar o sucesso, mas o fracasso não tardará a atingi-lo, deixando-o derrotado. O descanso nos prepara para trabalhos maiores, e não para que nos entreguemos à indolência. Quando o vigor corporal é restaurado, o objetivo do descanso é alcançado. Um equilíbrio perfeito entre trabalho e descanso contribui consideravelmente para a saúde, felicidade e prosperidade.

Tempo é aquilo que todos temos em igual medida. O dia não é mais longo para ninguém. É necessário, portanto, cuidar para não desperdiçar seus preciosos minutos com assuntos não lucrativos. Quem dedica tempo à autoindulgência e busca do prazer, atualmente, percebe-se velho — e que nada foi realizado. Aquele que preenche o tempo com interesses úteis e aproveita os minutos conforme eles vêm e vão envelhecer com honra e sabedoria, e a prosperidade cresce com ele. O dinheiro gasto pode ser recuperado; a saúde desperdiçada pode ser recuperada; mas o tempo perdido jamais pode ser recuperado.

Há um velho ditado que diz que "tempo é dinheiro". Da mesma forma, tempo é saúde, força, talento, genialidade e sabedoria, de acordo com a maneira como é utilizado. E, para usá-lo adequadamente, os minutos devem ser aproveitados à medida que surgem, pois, uma vez que passam, jamais podem ser recuperados. O dia deve ser dividido em porções, e todas — trabalho, lazer, refeições, atividades recreativas — devem ser aproveitadas no devido tempo; e o tempo da *preparação* não deve ser desprezado ou ignorado. Faça o que fizer, um homem o fará melhor e com mais êxito se usar uma pequena parte do dia no preparo da mente para o trabalho. O homem que se levanta cedo para pensar e planejar, ponderar, considerar e prever sempre manifestará habilidade e sucesso maiores em sua atividade particular do que o homem que fica na cama até o último instante, e só se levanta a tempo de começar o desjejum. Uma hora que se passa desse modo antes do café da manhã redunda em maior valor, ao fazer com que o esforço da pessoa seja produtivo. É um meio de acalmar e desanuviar a mente, e de concentrar as energias de uma pessoa para ser mais poderosa e eficaz. O maior e mais completo sucesso é aquele alcançado antes das oito horas da manhã. Quem está na empresa às seis da manhã, considerando que as outras condições sejam iguais, sempre estará à frente do homem que continua na cama às oito. Ficar deitado na cama atrai desvantagens pesadas sobre si na estrada da vida. E dá ao concorrente que acorda cedo duas ou três horas de vantagem por dia. Como essa pessoa pode esperar vencer com um imposto autoinfligido sobre seu tempo? Ao fim de um ano, essas duas ou três horas de vantagem diárias se mostram como um sucesso que é a síntese dos resultados acumulados. Qual, então, deve ser a diferença entre o esforço desses dois homens ao fim de, digamos, vinte anos?

Aquele que passa muito tempo deitado depois que acorda está sempre apressado, tentando recuperar tempo perdido — o que resulta em mais perda de tempo, pois a pressa sempre derrota seu próprio objetivo. Quem acorda cedo e, portanto, economiza tempo, não precisa se apressar, pois sempre está adiantado e em dia com seu trabalho. Pode se dar ao luxo de ser calmo e racional e fazer, com cuidado e afinco, qualquer tarefa que lhe seja confiada, pois seus bons hábitos se mostram, ao fim do dia, na forma de uma estado de espírito feliz e em resultados maiores no trabalho executado com habilidade e êxito.

Para economizar tempo, também haverá muitas coisas que um homem terá que eliminar da vida; algumas das coisas e assuntos que adora, e que deseja manter, terão que ser sacrificadas em nome do seu principal propósito de vida. A supressão criteriosa daquilo que não é essencial na vida de uma pessoa é fator vital em todas as grandes realizações. Todos os grandes homens são adeptos desse ramo da economia, e ela desempenha papel importante na composição de sua grandeza. É um modo de economia que também entra na mente, nas ações e na fala, eliminando tudo que é supérfluo, atravanca e não serve ao fim almejado. Pessoas tolas e malsucedidas falam de maneira descuidada e sem rumo, agem de maneira descuidada e sem rumo e permitem que tudo que surge pela frente, seja bom, ruim ou diferente, acumule-se na mente.

A mente do verdadeiro economista é uma peneira que deixa tudo passar, exceto aquilo que pode ser aproveitado nas questões da sua vida. Ele também emprega somente as palavras necessárias e executa apenas as ações necessárias, minimizando, assim, amplamente os atritos e o desperdício de poder.

Deitar-se na hora certa e se levantar na hora certa, preencher cada minuto de trabalho com pensamentos, propósito e ações efetivas: esta é a verdadeira economia de tempo.

A *energia* é economizada pela composição de bons hábitos. Todos os vícios são um gasto irracional de energia. Energia suficiente é desperdiçada sem qualquer critério em hábitos ruins, e poderia ajudar os homens a alcançar enorme sucesso se fosse conservada e usada da maneira certa. Se a economia for praticada nos seis pontos já considerados, muitas coisas serão realizadas na conservação da energia de uma pessoa, mas um homem precisa ir além e cultivar cuidadosamente sua vitalidade, evitando todas as formas de autoindulgência e impurezas físicas, como pressa, preocupação, empolgação, abatimento, raiva, queixas e inveja, que esgotam a mente e a tornam inapta para qualquer trabalho importante ou realização admirável. São formas comuns de dissipação mental que um homem de caráter deve se esforçar para evitar e superar. A energia gasta em episódios frequentes de mau humor, se controlada e adequadamente direcionada, daria a um homem a força mental, a firmeza de caráter e o poder necessário para suas conquistas. O homem irritadiço é um homem forte tornado fraco pela dissipação da sua energia mental. Precisa de autocontrole para manifestar sua força. O homem calmo é sempre superior a ele em qualquer aspecto da vida, e sempre terá precedência sobre ele, tanto no êxito como na estima das outras pessoas.

Ninguém pode se dar ao luxo de dispersar sua energia com o cultivo de maus hábitos e más tendências da mente. Todo vício, por menor que pareça, agirá contra ele na batalha da vida. Toda autoindulgência danosa voltará a acometê-lo na forma de um problema ou fraqueza. Todo momento de revolta ou sucumbência às inclinações mais abjetas fará com que seu progresso seja mais extenuante e o impedirá de chegar ao ápice dos seus desejos de realização. Por outro lado, aquele que economiza energia e a aponta para a tarefa principal da sua vida fará progressos rapidamente, e nada vai impedi-lo de alcançar a cidade dourada do sucesso.

Será visto que a economia é algo muito mais profundo e abrangente do que a mera poupança de dinheiro. É algo que toca todas as partes da nossa natureza e todas as fases da nossa vida. O velho ditado que diz "cuide dos centavos, e as libras cuidarão de si mesmas" pode ser visto como uma parábola, pois as paixões inferiores são energia nata; o que é ruim é o abuso dessa energia. E se essa energia pessoal for bem cuidada, armazenada e transmutada, reaparecerá como força de caráter. Desperdiçar essa energia valiosa em busca de vícios é como desperdiçar centavos, e assim perder as libras. Por outro lado, cuidar e direcioná-la para bons usos é armazenar os centavos das paixões, e assim ganhar libras de ouro em forma de bondade. Cuide, portanto, das energias inferiores. Assim, as realizações superiores vão cuidar de si mesmas.

O pilar da economia, quando construído com esmero, será composto primordialmente por estas quatro qualidades:

1. **MODERAÇÃO**
2. **EFICIÊNCIA**
3. **ENGENHOSIDADE**
4. **ORIGINALIDADE**

A *moderação* é o núcleo forte da economia. Ela evita extremos, encontrando o meio-termo entre todas as coisas. Também consiste em se abster do que é desnecessário e do que é nocivo. Não pode haver algo como a moderação no que é mau, pois isso seria excesso. A verdadeira moderação se abstém do mal. Colocar as mãos no fogo não é usá-lo de maneira moderada; o melhor é aquecê-las a uma distância segura. O mal é um fogo que queima um homem, desde que ele o toque. Um item de luxo que seja nocivo deve ser deixado firmemente de lado. Fumar, cheirar rapé, beber álcool, jogos de apostas e outros vícios comuns, embora tenham levado milhares à enfermidade, à tristeza e ao fracasso, nunca ajudaram ninguém a conquistar saúde, felicidade e sucesso. O homem que os rejeita sempre estará à frente do que os busca, mesmo que seus talentos e oportunidades sejam iguais.

Pessoas saudáveis, felizes e longevas sempre são moderadas e abstêmias em seus hábitos. Pela moderação, as forças da vida são preservadas; pelo excesso, são destruídas. Os homens também levam a moderação nos pensamentos, acalmando paixões e sentimentos, evitando extremos insalubres e sensações mórbidas. Acrescentam conhecimento e sabedoria à felicidade e saúde, e assim alcançam a mais alta felicidade e poder. Os não moderados se destroem pela própria tolice. Enfraquecem suas energias e limitam suas capacidades. Em vez de conquistar e aproveitar o sucesso, chegam apenas, na melhor das hipóteses, a uma prosperidade frágil e precária.

A *eficiência* advém da conservação correta das forças e poderes de uma pessoa. Toda habilidade é o uso de energia concentrada. Habilidades superiores, assim como o talento e a genialidade, são um grau mais alto de força concentrada. Os homens sempre são habilidosos naquilo que amam, porque a mente está quase incessantemente centrada nisso. A habilidade é o resultado da economia mental que transmuta o pensamento em invenção e ação. Não há prosperidade sem habilidade, e a prosperidade de alguém ocorre na mesma medida da sua habilidade. Pelo processo de seleção natural, os ineficientes caem em seus devidos lugares, entre os desempregados ou mal remunerados. Afinal, quem contrataria um homem que não pode, ou não está disposto, a fazer um trabalho adequadamente? Um empregador, ocasionalmente, pode manter esse homem ocupado por compaixão, mas isso é algo excepcional. Empresas, escritórios, lares e todos os centros de atividade organizada não são instituições de caridade, e sim entidades operacionais que resistem ou tombam conforme a qualidade e eficiência individual de seus membros.

A habilidade é conquistada pela racionalidade e atenção. Pessoas sem foco e desatentas geralmente ficam desempregadas — como no exemplo do desocupado em uma esquina. Não são capazes de fazer as tarefas mais simples de maneira adequada, pois não estimulam a mente para o pensamento e a atenção. Recentemente, um conhecido contratou um pedinte para limpar as janelas, mas o homem havia evitado o trabalho e o pensamento sistemático por tanto tempo que era incapaz de executá-los. Não era capaz nem mesmo de limpar uma janela. Mesmo quando lhe foi mostrado como fazer, ele não conseguiu seguir as instruções simples que lhe foram passadas. Este é um exemplo, também, do fato de que as atividades mais singelas requerem certa habilidade para ser feitas. A eficiência determina em grande parte a posição de um homem entre seus semelhantes e o faz subir os degraus de cargos cada vez mais altos à medida que maiores poderes são desenvolvidos. O bom trabalhador é habilidoso com suas ferramentas, enquanto o homem bom é habilidoso com seus pensamentos. A sabedoria é a forma mais elevada de habilidade. A aptidão é a sabedoria incipiente. Há *uma* maneira certa de fazer tudo, até mesmo a menor das coisas — e mil maneiras erradas. Habilidade consiste em encontrar a única maneira certa e executá-la. Os ineficientes procuram, confusos, entre as mil maneiras erradas, e não adotam a certa mesmo quando ela lhes é mostrada. Fazem isso, em alguns casos, porque pensam, em sua ignorância, que sabem tudo, colocando-se, assim, em uma posição em que se torna impossível aprender, mesmo que seja algo simples como limpar uma janela ou varrer o chão. A irracionalidade e a ineficiência são muito comuns. Há muito espaço no mundo para o comum. Há muito espaço no mundo para pessoas racionais e eficientes. Empregadores sabem como é difícil atrair a melhor mão de obra. O bom trabalhador, seja com ferramentas ou o cérebro, a fala ou o pensamento, sempre encontrará um lugar para exercitar sua habilidade.

A *engenhosidade* é o resultado da eficiência. É um elemento importante da prosperidade, afinal, o homem engenhoso nunca se deixa abater. Pode sofrer muitas quedas, mas sempre estará apto a agir conforme a ocasião, e imediatamente se colocará em pé outra vez. A engenhosidade tem sua causa fundamental na conservação de energia. É energia transmutada. Quando um homem elimina certos vícios mentais ou corporais que estavam esgotando sua energia, o que acontece com a energia assim preservada? Não é destruída, nem perdida, pois energia nunca pode ser destruída ou perdida — transforma-se em energia produtiva. Reaparece na forma de pensamentos produtivos. O homem virtuoso é sempre mais bem-sucedido do que homem que se entrega aos vícios, porque o primeiro está transbordando de recursos. Toda a mentalidade dele é viva e vigorosa, com quantidades abundantes de energia armazenada. Aquilo que o homem entregue aos vícios desperdiça em indulgências fúteis, o homem virtuoso usa com uma criatividade frutífera.

Uma nova vida e um novo mundo, abundantes de interesses fascinantes e prazeres puros, abrem-se ao homem que se afasta do velho mundo dos vícios desprezíveis, e seu lugar estará garantido pelos recursos que se acumulam dentro dele. Sementes estéreis perecem na terra; não há lugar para elas na economia frutífera da natureza. Mentes estéreis tombam nas batalhas da vida. A sociedade humana almeja o bem, e não há espaço para isso no vazio criado pelos vícios. Mas a mente estéril não permanece derrubada para sempre. Quando quer, pode se tornar frutífera e se recuperar. Pela própria natureza da existência, pela eterna lei do progresso, o homem entregue aos vícios *deve* fracassar; mas, após cair, pode se erguer outra vez. Pode se desviar dos vícios e se aproximar da virtude, e se levantar, com respeito por si mesmo e confiança, com os próprios recursos.

Homens engenhosos inventam, descobrem, iniciam. Não podem falhar, pois estão no fluxo do progresso. Estão cheios de novos planos, novos métodos, novas esperanças. A vida deles é muito mais plena e rica, portanto. São homens de mente flexível. Quando um homem fracassa ao tentar melhorar seus negócios, seu trabalho, seus métodos, ele se distancia do progresso, e sua jornada de fracasso começa. Sua mente se tornou rígida e inerte como o corpo de um idoso. Assim, ele deixa de acompanhar a rapidez das ideias e dos planos das mentes engenhosas. Uma mente engenhosa é como um rio que nunca seca, que refresca e revigora em tempos de estiagem. Homens engenhosos são homens de novas ideias, e homens de novas ideias florescem onde outros enfraquecem e decaem.

A *originalidade* é a engenhosidade amadurecida e aperfeiçoada. Onde há originalidade há genialidade. E homens geniais são as luzes que iluminam o mundo. Qualquer que seja o trabalho que um homem faz, ele deve usar os próprios recursos para executá-lo. Embora aprenda com outras pessoas, não deve imitá-las cegamente, e sim se dedicar ao próprio trabalho, tornando-o novo e original. O mundo ouve os homens autênticos. Talvez sejam negligenciados inicialmente, mas sempre acabam sendo aceitos e se tornam modelos para a humanidade. Quando um homem adquire o talento da originalidade, ele assume sua posição como líder entre os que estão em sua área específica de conhecimento e habilidade. Mas a originalidade não pode ser forçada — pode apenas ser desenvolvida. Esse desenvolvimento acontece passando de excelência para excelência, ascendendo na escala de habilidades pelo uso pleno e correto do poder mental.

Permita que o homem se dedique ao seu trabalho. E que assim, tão dedicado, concentre todas as energias nele. Chegará o dia em que o mundo o aclamará como um de seus filhos mais fortes. E ele também, assim como Balzac, que, depois de muitos anos de trabalho intenso, exclamou certo dia: "Estou prestes a me tornar um gênio! Estou prestes a me tornar um gênio!", descobrirá, para a própria alegria, que se juntou a um grupo de mentes originais, aos deuses que conduzem a humanidade a rumos mais modernos, mais elevados e mais benéficos.

A composição do segundo pilar, assim, revela-se. Sua construção aguarda o trabalhador preparado que aplica energia mental com a devida habilidade.

TERCEIRO PILAR

INTEGRIDADE

É impossível alcançar a prosperidade pagando pouco. Ela deve ser adquirida, não somente com trabalho inteligente, como também com força moral. Assim como uma bolha de sabão não dura muito tempo, nenhuma fraude poder prosperar. Um charlatão dá uma forte arrancada na aquisição de dinheiro, mas, em seguida, desaba. Nada jamais é conquistado, ou pode ser conquistado, por meio da falcatrua. Pode até ser proveitosa por algum tempo, mas ela cobra seu preço com juros pesados. Mas a charlatanice não está confinada ao embusteiro inescrupuloso. Todos que recebem, ou tentam receber, dinheiro sem dar algo equivalente em troca estão praticando fraude, sabendo disso ou não. Homens que planejam ansiosamente como ganhar dinheiro sem trabalhar por ele são charlatães. Mentalmente, são aliados próximos do ladrão e do vigarista, deixando-se influenciar pela conduta destes. Cedo ou tarde, seu capital se esgota. O que é um ladrão senão um homem que leva ao extremo o desejo de ter algo sem retribuir de maneira justa, ou seja, ilegalmente? O homem que corteja a prosperidade deve, em todas as transações que faz, sejam mentais ou materiais, calcular como dar um retorno justo em troca daquilo que recebe. Este é o grande princípio fundamental em todo o comércio sadio. Ao mesmo tempo, em assuntos espirituais, representa o ato de tratar as outras pessoas do mesmo modo como gostaríamos de ser tratados. Aplicado às forças do universo, é um princípio que está cientificamente explicado na fórmula "ação e reação têm igual intensidade".

A vida humana é recíproca, não predatória. O homem que considera todos os outros presas legítimas logo se verá perdido no deserto da ruína, muito longe do caminho da prosperidade. Está distante demais do processo de evolução para acompanhar com sucesso o homem honesto. Os mais capazes, os melhores, sempre sobrevivem. Como aquele homem está entre os piores, não pode, portanto, avançar. Seu derradeiro fim, a menos que mude, é um casebre sujo ou o lugar onde os párias são abandonados. Seu esforço é destrutivo, não construtivo. Assim, destrói a si mesmo.

Foi Carlyle quem, referindo-se a Maomé, então universalmente considerado um impostor pelos cristãos, exclamou: "Um impostor fundou uma religião! Um impostor seria incapaz de construir uma casa de alvenaria". Um impostor, um mentiroso, um trapaceiro, um homem dado à desonestidade, nenhum destes é capaz de construir nada, pois não tem ferramentas nem materiais com os quais construir. Eles são incapazes de erigir uma empresa, o caráter, uma carreira ou o sucesso, assim como são incapazes de fundar uma religião ou construir uma casa de alvenaria. Não deixam simplesmente de construir, mas toda a sua energia é direcionada para minar o que outros construíram. Como seus próprios projetos são impossíveis, minam a si mesmos.

Sem integridade, a energia e a economia fatalmente fracassam. Mas, quando auxiliadas pela integridade, sua força se amplia imensamente. Não há uma única ocasião na vida na qual o fator moral não desempenhe um papel importante. Uma integridade primorosa se anuncia onde quer que esteja, imprimindo sua marca em todas as realizações. E faz isso pela coerência e consistência irretocável, além de sua força invencível. O homem íntegro está alinhado às leis fixas das coisas — não somente aos princípios fundamentais sobre os quais a sociedade humana se estrutura, como também às leis que mantêm o nosso vasto universo coeso. Quem será capaz de desafiar esses princípios? Quem, portanto, poderá prejudicar o homem de integridade irrepreensível? Este é como uma árvore forte, cujas raízes se alimentam de nascentes perenes, e que nenhuma tempestade é capaz de derrubar.

Para ser forte e completa, a integridade deve abraçar o homem como um todo, estendendo-se a todos os detalhes da sua vida. Deve ser abrangente e permanente de modo a resistir a todas as tentações para se desviar do curso. Falhar em um ponto é falhar em todos, e admitir, sob pressão, um compromisso com a falsidade, por mais necessário e insignificante que isso pareça, é largar o escudo da integridade e ficar exposto às investidas do mal.

O homem que trabalha cuidadosamente e com consciência, tanto quando seu empregador não está presente como nas ocasiões em que ele está por perto, não permanecerá por muito tempo em um cargo inferior. Essa integridade no dever, na execução dos detalhes do trabalho, vai o levar rapidamente às regiões férteis da prosperidade.

O espertalhão, por outro lado — aquele que não tem pudores em negligenciar o trabalho quando o chefe não está por perto, roubando dele o tempo e trabalho pelo qual é pago — chegará rapidamente ao terreno estéril do desemprego, e vai procurar em vão pelo trabalho que precisa.

Chegará também o momento, para o homem sem raízes firmes na integridade, que parecerá necessário — para o bem dos próprios anseios e prosperidade — contar uma mentira ou praticar um ato desonesto. Digo isso do homem cujas raízes não estão apoiadas neste princípio, pois aquele que dispõe de integridade forte e esclarecida sabe que a mentira e a desonestidade jamais podem ser usadas, sob nenhuma circunstância.

Por isso, não precisa passar por tais tentações, ou mesmo ceder a elas. Já aquele que se vê tentado deve ser capaz de rejeitar a sutil insinuação de falsidade que, em tempos de indecisão e perplexidade, surge dentro de si. E deve se manter fiel ao princípio, disposto a perder e sofrer, em vez de afundar no esquecimento. É somente dessa maneira que ele pode se tornar iluminado em relação a este princípio moral, descobrindo a verdade gratificante de que a integridade não leva à perda e ao sofrimento, e sim ao ganho e à felicidade. Que a honestidade e a privação não são, e nunca podem ser, relacionadas como causa e efeito.

É essa predisposição ao sacrifício, em vez da desonestidade, que leva à iluminação em todas as esferas da vida. O homem que, em vez de sacrificar um objetivo egoísta, prefere mentir ou enganar, renuncia ao direito de iluminação moral, assumindo sua posição inferior entre os devotos do engano, os entusiastas de transações questionáveis, abaixo de homens sem caráter e sem reputação.

Um homem não está verdadeiramente blindado pela integridade até que se torne incapaz de mentir ou enganar, seja por gestos, palavras ou ações; até que veja, de maneira clara, aberta e livre de toda a dúvida, os efeitos letais desse torpor moral. O homem assim iluminado está protegido por todos os lados, e não pode mais ser sabotado por desonestos — assim como o sol não pode ser arrancado do céu por loucos. As flechas do egoísmo e da deslealdade que forem lançadas contra ele baterão na forte armadura da sua integridade e no brilhante escudo da retidão, deixando-o incólume e intocado.

Um comerciante que mente dirá que nenhum homem pode prosperar e ser honesto ao mesmo tempo na atualidade, repleta de competição ferrenha. Como um homem pode saber disso se nunca tentou ser honesto? Além disso, ele não conhece a honestidade. Sua declaração, portanto, é uma afirmação de ignorância — ignorância e falsidade que cegam um homem de modo que ele imagina, pateticamente, que todos são tão ignorantes ou falsos quanto ele mesmo. Eu conheço comerciantes assim, e vi que foram à ruína. Certa vez, ouvi um empresário fazer a seguinte declaração em uma reunião pública: "Nenhum homem pode ser completamente honesto nos negócios; pode apenas ser parcialmente honesto". Ele imaginava que a declaração revelava a condição do mundo dos negócios, mas não era o caso; *revelava a própria condição dele.* O homem estava simplesmente dizendo à plateia que era desonesto, mas sua ignorância — uma ignorância moral — o impedia de perceber isso. "Honestidade parcial" é apenas outro nome para a desonestidade. O homem que se desvia um pouco do caminho da retidão vai se desviar mais. Não tem princípios fixos e só pensa em conseguir vantagens para si. O fato de persuadir a si mesmo de que *sua* desonestidade particular é algo brando e inofensivo, e que ele não é tão ruim quando seu vizinho, é somente uma das muitas formas de autoengano criadas pela ignorância de princípios morais.

A conduta correta, tomada entre os homens em todas as relações ou transações da vida, é a alma da integridade. Ela inclui a honestidade, embora seja algo ainda maior. Essa é a espinha dorsal da sociedade humana, e a coluna de sustentação das instituições humanas. Sem integridade, não haveria convicção, não haveria confiança entre os homens, e o mundo dos negócios acabaria por desmoronar.

Assim como um mentiroso acha que todos os homens são mentirosos e os trata como tal, o homem íntegro trata todos os homens com confiança. Confia neles e é considerado digno de confiança também. Seu olhar claro e sua mão aberta envergonham o charlatão sorrateiro, de modo que este não consiga praticar sua charlatanice. Como bem disse Emerson: "Confia nos homens, e eles serão sinceros contigo, mesmo que abram uma exceção em teu favor em meio a todas as regras de negócios habituais".

O homem honrado, por sua própria presença, comanda a moralidade daqueles à sua volta, tornando-os melhores do que eram antes. Homens são influenciados fortemente uns pelos outros. Como o bem é mais poderoso do que o mal, o homem bom e forte envergonha e exalta, apenas pelo contato, os maus e os fracos.

O homem íntegro tem um ar inconsciente de grandiosidade que inspira e causa admiração. Estando acima dos mesquinhos, maldosos e falsos, esses vícios covardes recuam da sua presença, confusos. Nem mesmo a maior dádiva intelectual pode se comparar com essa grandiosidade moral. Na memória dos homens e na estima do mundo, o homem íntegro ocupa um lugar mais elevado do que o genial. Buckminster diz: "A grandeza moral de uma integridade independente é a coisa mais sublime que existe na natureza". No homem, essa é a qualidade que produz heróis. O homem de retidão inquebrantável é, intrinsecamente, sempre um herói. Basta que a ocasião certa surja para que o elemento heroico se mostre. Além disso, ele sempre ostenta uma felicidade permanente. O homem genial pode ser muito infeliz, mas um homem íntegro não corre esse risco. Nada — nem a doença, nem a calamidade, nem a morte podem privá-lo da satisfação permanente que existe na retidão.

A retidão leva diretamente à prosperidade por meio de quatro passos sucessivos. Primeiramente, o homem honesto conquista a confiança das pessoas. Em segundo lugar, após ele se mostrar digno de confiança, as pessoas passam a confiar nele. Em terceiro, essa confiança, se nunca for violada, produz boa reputação. E, em quarto e último lugar, uma boa reputação se alastra cada vez mais, trazendo assim o sucesso.

A desonestidade tem o efeito inverso. Como destrói a confiança das pessoas, ela causa a suspeita e a desconfiança, e estas criam uma reputação ruim, que culmina em fracasso.

O pilar da integridade se compõe destes quatro elementos honrosos:

1. **HONESTIDADE**
2. **DESTEMOR**
3. **INTENCIONALIDADE**
4. **INVENCIBILIDADE**

A *honestidade* é o caminho mais certeiro para o triunfo. Chegará o dia em que, fatalmente, o homem desonesto se arrependerá, mergulhado na tristeza e no sofrimento. Mas nenhum homem precisa se arrepender por ter sido honesto. Mesmo quando um homem honesto cai — como ocasionalmente acontece, em consequência da ausência de outros desses pilares, como energia, economia ou sistema, seu fracasso não tem o mesmo peso que tem para o homem desonesto, pois ele sempre pode se contentar com o fato de nunca ter enganado outra pessoa. Mesmo em suas horas mais amarguradas, ele encontra abrigo em uma consciência tranquila.

Homens ignorantes imaginam que a desonestidade é um atalho para a prosperidade. É por isso que agem assim. O homem desonesto é moralmente míope. Assim como o bêbado que enxerga o prazer imediato de seu vício, mas não a consequente degradação, ele vê o efeito imediato de um ato desonesto — um lucro maior, mas não sua consequência derradeira. Não percebe que o acúmulo de atos como esse vão, inevitavelmente, corroer seu caráter, causar o desmoronamento de seus negócios e trazer a ruína. Enquanto embolsa ganhos, pensando que se aproveita dos outros com inteligência e habilidade, esse homem está se aproveitando o tempo todo de si mesmo, e cada moeda assim acumulada *deve* ser devolvida com juros. Não há maneira de escapar dessa retribuição justa. A queda moral é tão certa e invariável quanto a queda de uma pedra na terra.

O comerciante que exige que seus assistentes ajam assim, e que usa informações enganosas nas mercadorias para se aproveitar dos clientes, cerca-se por todos os lados de suspeita, desconfiança e ódio. Até mesmo os moralmente fracos que executam suas instruções o desprezam, mesmo enquanto prejudicam a si mesmos com o trabalho sujo que lhes é imposto. Como é possível que o sucesso floresça em um clima tão tóxico? O espírito da ruína já se faz presente em negócios assim, e o dia de sua queda está traçado.

Um homem honesto pode cair, mas não porque é honesto. Seu fracasso será honroso e não vai manchar seu caráter nem sua reputação. Seu fracasso, também, certamente resultante da incapacidade que o levou ao fracasso, será um meio de se elevar a algo mais adequado aos próprios talentos, e, portanto, ao sucesso definitivo.

O *destemor* acompanha a honestidade. O homem honesto tem um olhar límpido e uma perspectiva inabalável. Ele olha os semelhantes nos olhos e a fala dele é direta e convincente. O mentiroso e o trapaceiro baixam a cabeça; seus olhos são turvos e seu olhar, enviesado. Não são capazes de olhar nos olhos de outras pessoas e sua fala atrai a desconfiança, pois é ambígua e duvidosa.

Quando um homem cumpre com suas obrigações, não tem nada a temer. Todas as suas relações de negócios estão seguras e protegidas. Seus métodos e ações sempre verão a luz do dia. Se passar por tempos difíceis e contrair dívidas, todos vão confiar nele e estarão dispostos a esperar pelo pagamento. Pessoas desonestas tentam evitar o pagamento das dívidas, e vivem com medo. O homem honesto, por outro lado, evita contrair dívidas, mas quando a dívida o engole, não teme: redobrando seu esforço, as dívidas são pagas.

Os desonestos vivem sempre com medo. Não temem as dívidas, temem ter que pagá-las. Temem as outras pessoas, temem as autoridades estabelecidas, temem os resultados de tudo que fazem e vivem sob medo constante de que seus malfeitos sejam revelados, assim como as consequências que podem, a qualquer momento, engoli-lo.

O homem honesto está livre de toda essa carga de medo. Seu coração é leve, e ele anda de cabeça erguida entre os semelhantes. Não está simplesmente interpretando um papel, esquivando-se e se escondendo. Consegue ser quem realmente é, olhando as pessoas nos olhos. Sem temer ou ofender ninguém, não há nada a temer. Qualquer coisa que venha contra ele vai ricochetear e se transformar em vantagem.

Esse destemor é, em si mesmo, é uma torre fortificada na vida de um homem, apoiando-o em meio a todas as emergências, capacitando-o a entrar em batalha com valentia contra as dificuldades, e, no fim, garantindo um sucesso que ninguém pode lhe destituir.

A *intencionalidade* é o resultado direto da força de caráter que a integridade fomenta. O homem íntegro é aquele de objetivos diretos e propósitos fortes e inteligentes. Ele não faz conjecturas a esmo nem trabalha no escuro. Todos os seus planos têm um toque da mesma fibra moral da qual seu caráter advém. O trabalho de um homem sempre reflete a si mesmo de alguma maneira, e o homem com uma integridade sólida é um homem com planos sólidos. Ele pondera, considera e olha para a frente. Assim, tem menos probabilidades de cometer erros sérios, ou de cair em um dilema do qual é difícil escapar. Partindo de uma perspectiva moral sobre as coisas, e sempre considerando consequências morais, ele se ergue em um solo mais firme e elevado do que o homem de mera prudência e conveniência. Como tem uma visão mais extensa de qualquer situação, tem também um poder maior, um conhecimento mais abrangente, que os detalhes e princípios envolvidos lhe conferem. A moralidade sempre tem a vantagem de promover a confiança. Seus propósitos sempre alcançam profundidades bem abaixo da superfície, assim, são mais firmes e seguros, mais fortes e duradouros. Há também uma franqueza direta na integridade, que faz com que o homem possa chegar até o fim de tudo que faz, e que torna o fracasso seja quase impossível.

Homens fortes têm propósitos fortes, e propósitos fortes levam a realizações fortes. O homem íntegro é *forte* sobre todos os homens, e sua força se manifesta na meticulosidade com que ele cuida dos assuntos da vida. Essa meticulosidade resulta em respeito, admiração e êxito.

A *invencibilidade* é uma protetora gloriosa, mas só envolve o homem cuja integridade é perfeita, pura e inabalável. Nunca violar o princípio da integridade, mesmo nos detalhes mais insignificantes, é ser invencível contra todos as ofensivas das meias-palavras, calúnias e deturpações. O homem que fracassou em algum ponto é vulnerável. E a adaga do mal, penetrando por esse ponto, vai derrubá-lo como a flecha no calcanhar de Aquiles. A integridade pura e perfeita protege contra todos os ataques e injúrias, garantindo que seu portador enfrente toda a oposição e perseguição com coragem exaltada e tranquilidade sublime. Nenhum montante de talento, intelecto ou tino para negócios pode dar a um homem a pujança mental e a paz de espírito que vêm de uma aceitação iluminada e da observância de princípios morais elevados. A força moral é o maior dos poderes. Aquele que busca a verdadeira prosperidade deve descobrir essa força, aprimorá-la, desenvolvê-la na mente e receber suas dádivas. Com cada conquista, ele tomará seu lugar entre os líderes fortes do mundo.

Toda essa força e resistência se encontra no pilar da integridade. Quem constrói o templo da sua vida com uma alvenaria incorruptível será abençoado e próspero, acima de todos os homens.

QUARTO PILAR
SISTEMA

Sistema é o princípio de ordem pelo qual a confusão se torna impossível. Na ordem natural e universal, tudo está em seu devido lugar, de modo que o universo mais amplo funcione de maneira mais primorosa do que a mais perfeita das máquinas. A desordem no espaço indicaria a destruição do universo; e a desordem na vida de um homem destrói seu trabalho e sua prosperidade.

Todas as organizações complexas são construídas com sistemas. Nenhuma empresa ou sociedade pode se desenvolver em grandes dimensões sem um sistema. Esse princípio é, de maneira predominante, o instrumento do comerciante, do empresário e do gestor de instituições.

Há vários departamentos nos quais um homem desordeiro pode triunfar, embora a atenção à ordem melhoraria seu sucesso. Mesmo assim, não terá êxito nos negócios a menos que consiga colocar a empresa inteiramente nas mãos de um gerente sistemático, alguém capaz de remediar o defeito do primeiro.

Todas as grandes empresas evoluíram ao longo de linhas sistemáticas cuidadosamente desenhadas. Qualquer violação delas seria desastrosa à eficiência e saúde do negócio. Empresas complexas ou outras organizações são construídas como corpos naturalmente complexos, com uma atenção escrupulosa aos detalhes. O homem desordeiro acha que não precisa se atentar a cada detalhe além do objetivo principal. Entretanto, ignorando os meios, ele frustra os fins. Se os detalhes estiverem desorganizados, os organismos perecem. Com a negligência descuidada dos detalhes, o crescimento de qualquer atividade ou negócio é impedido.

Pessoas desorganizadas gastam quantidades enormes de tempo e energia. O tempo desperdiçado na busca pelas coisas seria suficiente, se fosse conservado pela ordem, para que elas conseguissem alcançar qualquer tipo de sucesso. Pessoas desleixadas nunca têm lugar definido para nada. Frequentemente, precisam passar um longo tempo caçando qualquer coisa da qual precisem. Essa necessidade de procurar diariamente coisas corriqueiras causa irritação, mau humor e decepções. Essa grande quantidade dissipada de energia poderia ser usada para estabelecer uma grande empresa, ou alcançar os patamares mais altos de qualquer organização.

Pessoas ordeiras conservam tanto o seu tempo como sua energia. Nunca perdem nada. Portanto, nunca precisam achar nada. Tudo está em seu devido lugar. A mão pode ir direto até o que se procura, mesmo que esteja no escuro. Essas pessoas podem se dar ao luxo de ser tranquilas e racionais, usando assim sua energia mental com algo mais lucrativo do que a irritação e o mau humor. E não culpam os outros pela própria falta de ordem.

Há um toque de genialidade no sistema capaz de criar maravilhas com facilidade. Um homem sistemático pode realizar uma quantidade enorme de trabalho em pouco tempo, livre da exaustão correspondente. Pode até mesmo parecer algo milagroso. Ele escala as alturas do sucesso, enquanto seus concorrentes desleixados chafurdam nos pântanos da confusão. A observância rígida da lei e da ordem fazem com que ele alcance seus objetivos, de maneira rápida e sem percalços, sem atritos nem perda de tempo.

As demandas do sistema, em todos os departamentos do mundo dos negócios, são tão rígidas e exigentes quanto os votos sagrados de um santo. Não podem ser violadas mesmo nos menores detalhes sem colocar em risco as projeções financeiras criadas. No mundo financeiro, a lei da ordem é uma necessidade férrea. Quem a observa sem vacilar poupa tempo, dinheiro e não se desgasta emocionalmente.

Toda conquista duradoura na sociedade humana repousa sobre uma base de sistema. Isso é tão verdadeiro que, se os sistemas fossem removidos, todo progresso acabaria. Pense, por exemplo, nas vastas realizações da literatura — nas obras de autores clássicos e gênios; nos grandes poemas, nas inúmeras obras em prosa, nas histórias monumentais, nos discursos que comovem a alma. Pense também na convivência social da humanidade, suas religiões, seus estatutos legais e na imensa quantidade de conhecimento registrado nos livros. Pense em todos esses recursos e realizações extraordinários da língua e reflita: todos dependem, em sua origem, desenvolvimento e permanência, da disposição sistemática de apenas vinte e seis letras. É uma disposição rigidamente limitada a certas regras fixas que produz resultados inesgotáveis e ilimitados.

Prossigamos. Todas as conquistas maravilhosas da matemática surgiram da disposição sistemática de dez algarismos. A máquina mais complexa, com seus milhares de peças que trabalham em conjunto de maneira harmoniosa e quase silenciosamente para cumprir a tarefa para a qual foram projetadas, foi inventada pela observação sistemática de algumas poucas leis mecânicas.

Aqui podemos ver como o sistema simplifica o que é complexo, como facilita o que era difícil, como relaciona uma variedade infinita de detalhes a uma lei ou ordem central. Assim, possibilita que tudo seja empregado e contabilizado com regularidade perfeita, e com a ausência completa de confusão.

O cientista nomeia e classifica a miríade de detalhes do universo, desde rotíferos microscópicos até astros telescópicos, observando os princípios do sistema para que, entre muitos milhões de objetos, seja possível traçar referências a qualquer um deles em questão de minutos, se tanto. Essa propriedade de referências e comunicações rápidas, que é de suma importância em cada aspecto do conhecimento e da indústria, assim como o tempo e o trabalho assim poupados para a humanidade, é tão vasta que chega a ser inconciliável. Falamos de sistemas religiosos, políticos e empresariais, indicando que todas as coisas na sociedade humana estão ligadas pelas qualidades aderentes da ordem.

O sistema, de fato, é um dos grandes princípios fundamentais do progresso, unindo milhões de seres humanos em algo único, enquanto cada um busca por um lugar e compete com os demais em objetivos e interesses contrapostos.

Vemos aqui como o sistema está aliado à grandeza, pois tantas unidades individuais — cuja mente não foi treinada na disciplina do sistema — são mantidas em sua posição pelo poder organizador dos poucos que percebem a necessidade urgente e inescapável de estabelecer regras fixas e invioláveis, seja nos negócios, nas leis, na religião, na ciência ou na política — enfim, em toda esfera da atividade humana. No momento em que dois seres humanos se encontram, ambos necessitam de um alicerce de compreensão mútua para evitar a confusão. Em outras palavras, de algum *sistema* que regule suas ações.

A vida é curta demais para haver confusão. O conhecimento cresce e o progresso avança por avenidas sistemáticas que impedem o atraso e o retrocesso. Assim, quem sistematiza seu conhecimento ou seus negócios simplifica e os aprimora para o sucessor, capacitando-o a começar, com uma mente livre, do ponto onde o progresso parou.

Toda grande empresa tem seu sistema que torna útil todo o maquinário, fazendo com ela opere como uma máquina bem equilibrada e lubrificada. Um empresário notável, amigo de longa data, disse-me certa vez que poderia deixar sua empresa por doze meses e ela funcionaria sem qualquer problema até que ele retornasse. Ocasionalmente, ele deixa o negócio e passa alguns meses viajando. Quando volta, cada homem, moço e moça, cada ferramenta, livro e máquina, cada detalhe, inclusive os menores, está no devido lugar, fazendo seu trabalho da mesma forma como quando ele partiu. Nenhum problema, dificuldade, nenhuma confusão surgiu.

Não pode haver sucesso notável sem amor pela regularidade, disciplina e ausência de atritos, assim como a paz de espírito e a eficiência que advêm dessa regularidade. As pessoas que rejeitam a disciplina, cuja mente é desgovernada e anárquica, e que são descuidadas e irregulares nos pensamentos, hábitos e cuidado com suas responsabilidades jamais poderão ter sucesso e prosperidade. Preencherão a vida com inúmeras preocupações, problemas, dificuldades e irritações tolas. Tudo isso desapareceria se houvesse uma regulamentação adequada na vida delas.

Uma mente não sistemática é uma mente destreinada, incapaz de lidar com mentes disciplinadas ao longo da vida, assim como um atleta destreinado não é capaz de competir realmente com um rival diligentemente treinado em corridas atléticas. A mente mal disciplinada, que acha que qualquer coisa serve, não demora a ficar para trás das mentes disciplinadas, convencidas de que apenas as melhores escolhas são as mais adequadas para conquistar os prêmios trazidos pela vida, sejam estes materiais, mentais ou morais. O homem incapaz de encontrar suas ferramentas quando chega ao trabalho, equilibrar números e resultados, ou encontrar a chave que abre as gavetas da própria escrivaninha vai ter dificuldades para cumprir com seu trabalho, enquanto seu vizinho, mais metódico, estará galgando as alturas das realizações com liberdade e contentamento. O empresário de métodos desleixados, desajeitados ou atrasados em relação às descobertas mais recentes feitas por mentes habilidosas só tem a si mesmo para culpar, pois suas perspectivas são decadentes. Ele deve atentar para a necessidade de desenvolver métodos mais especializados e efetivos em suas atividades. Precisa aproveitar tudo cada invenção e cada ideia — que o faça poupar tempo e esforço, que ajude a cuidar dos detalhes, do raciocínio e dos resultados.

O sistema é a lei pela qual tudo — cada organismo, empresa, caráter, nação, império — é construído. A cada célula, departamento, pensamento, lei e colônia adicionada de maneira ordenada e classificada, todas as coisas, interesses e instituições crescem em magnitude, evoluindo até a completude. O homem que melhora continuamente seus métodos ganha poder para construir. Assim, é imprescindível ao empresário ser engenhoso e inventivo no aprimoramento de seus métodos, pois os construtores — sejam aqueles que constroem catedrais, empresas ou religiões — são os fortes da terra, protetores e pioneiros da humanidade. O construtor sistemático é criador e preservador, enquanto o homem desorganizado demole e destrói. Não há limites para o crescimento das capacidades de um homem, para a completude de seu caráter, a influência de sua organização ou a expansão de seus negócios, contanto que preserve intacta a disciplina da ordem. Deve manter cada detalhe no devido lugar, cada departamento focado em sua tarefa específica, tabular e classificar tudo com eficiência e perfeição. Isso permite, a qualquer momento, examinar ou acionar o mínimo detalhe relacionado ao seu trabalho.

O sistema é composto destes quatro ingredientes:

1. **INICIATIVA**
2. **PRECISÃO**
3. **UTILIDADE**
4. **ABRANGÊNCIA**

Iniciativa é vivacidade. É o estado de alerta pelo qual uma situação é imediatamente compreendida e resolvida.

A observância de um sistema aprimora e desenvolve essa característica. O general bem-sucedido deve poder encarar rapidamente qualquer movimentação nova e imprevista dos inimigos. Da mesma forma, todo empresário deve ter iniciativa para lidar com qualquer situação inesperada que afete seus negócios. O homem de ideias também precisa ser capaz de lidar com os detalhes de quaisquer problemas que possam surgir. A morosidade é um vício fatal à prosperidade, pois leva à incapacidade e estupidez. Homens com mãos, coração e cérebro repletos de iniciativa, que sabem o que estão fazendo e o fazem metodicamente, com habilidade e eficiência consumadas, são os que não precisam pensar tanto na prosperidade como um fim, pois ela lhes chega, mesmo que não a procurem. O sucesso vem até eles e bate em sua porta. E eles o conquistam de maneira inconsciente, pela excelência de suas faculdades mentais e métodos superiores.

A *precisão* é de suma importância em todas as questões e empreendimentos comerciais. Não pode haver precisão sem um sistema. Um sistema mais ou menos imperfeito envolverá seu criador em erros mais ou menos catastróficos até que ele os aperfeiçoe.

A imprecisão é uma das falhas mais comuns, pois a precisão é uma aliada frequente da autodisciplina. A autodisciplina, assim como os elementos da disciplina externa, indica uma cultura moral elevada que a maioria das pessoas ainda não alcançou. Se o homem impreciso não quiser se submeter à disciplina do empregador ou instrutor, achando que sabe o que é melhor para si, seus fracassos jamais poderão ser remediados. Ele vai perceber que está em uma posição inferior, se estiver no mundo dos negócios, ou de conhecimento imperfeito, se estiver no universo das ideias.

A prevalência do vício da imprecisão (e, considerando seu efeito desastroso, deve ser considerado um vício, embora de menor impacto) é visível a todos, observando-se como a maioria das pessoas relata uma circunstância ou repete uma afirmação simples como fato. Quase sempre, isso se torna uma inverdade, em razão de imprecisões mais ou menos pronunciadas. Poucas pessoas, talvez (descartando aqueles que mentem deliberadamente), treinaram-se para ser precisas no que dizem, ou têm o cuidado de admitir o risco de cometer erros. É desta forma comum de imprecisão que surgem muitas inverdades e mal-entendidos.

Muitas pessoas têm mais dificuldade para ser precisas naquilo que fazem do que naquilo que dizem. Entretanto, mesmo nesses casos a imprecisão é muito comum, fazendo com que muitos sejam ineficientes e incompetentes, além de inadequados para qualquer atividade extenuante e duradoura. O homem que habitualmente usa uma porção do seu tempo pessoal ou de trabalho para tentar corrigir erros, ou cujos erros demandem a contratação de outra pessoa, não vai conseguir se manter em nenhum cargo no mundo do trabalho, nem encontrar um lugar nas fileiras das pessoas prósperas.

Nunca houve nenhum homem que não cometesse erros na jornada rumo ao sucesso. O homem capaz e correto é aquele que percebe seus erros e rapidamente os corrige, e fica feliz quando outras pessoas apontam os equívocos que ele porventura tenha cometido. A imprecisão habitual e persistente é um vício. Está presente no homem incapaz e de mente insensata que não percebe nem admite os próprios erros, e se ofende quando estes lhe são apontados.

O homem progressivo aprende com os próprios erros e os dos outros. Está sempre pronto a testar bons conselhos na prática, almejando uma precisão cada vez maior em seus métodos, o que resulta em uma perfeição cada vez maior. Precisão é perfeição, e a medida da precisão de um homem será a medida da sua singularidade e perfeição.

A *utilidade*, ou usabilidade, é o resultado direto do método no trabalho de uma pessoa. O trabalho alcança objetivos frutíferos e lucrativos quando é executado de maneira sistemática. Se um agricultor deseja colher os melhores alimentos, não deve simplesmente semear e plantar. É preciso fazer isso na época certa. Se quisermos que qualquer trabalho seja frutífero nos resultados, ele deve ser executado no momento certo, e não se deve permitir que o tempo certo de o executar passe.

A utilidade considera os fins práticos, empregando os melhores meios para alcançá-los. Ela evita questões secundárias, dispensa as teorias e se associa somente às coisas que podem ser bem aproveitadas na economia da vida.

Quem não é prático abarrota a mente com teorias inúteis e impossíveis de ser comprovadas. Corteja o fracasso ao contemplar especulações que, pela própria natureza, não podem ser aplicadas na prática. O homem cujos poderes são demonstrados naquilo que faz, e não somente em conversas e discussões, evita bate-bocas e desavenças metafísicas, aplicando-se para alcançar um fim que seja bom e útil.

Aquilo que não puder ser colocado em prática não deve ocupar ou limitar a mente. Deve ser descartado, abandonado e ignorado. Recentemente, um homem me disse que, se houvesse a comprovação de que sua teoria não tem nenhuma utilidade, ele ainda assim a manteria consigo, pois é uma bela teoria. Se um homem se apega a "belas" teorias que não têm nenhuma utilidade comprovada nem uma base sólida na realidade, não deve se surpreender se fracassar em seus projetos mais mundanos, pois é um homem sem praticidade.

Quando os poderes da mente são desviados da teoria especulativa para a ação prática, em áreas morais ou materiais, a habilidade, o poder, o conhecimento e a prosperidade aumentam. A prosperidade de um homem é medida pela utilidade que ele tem à comunidade. Um homem é útil de acordo com o que faz, não pelas teorias que aprecia.

O marceneiro cria uma cadeira. O construtor ergue uma casa. O mecânico produz uma máquina. E o sábio molda um caráter perfeito. O sal da terra não é feito de dissidentes, teóricos e controversos, e sim de trabalhadores, criadores e realizadores.

O homem deve se afastar das miragens da especulação intelectual e começar a *fazer* algo, com toda a sua energia. Assim, ganha um conhecimento especial, adquire um poder especial e alcança a própria prosperidade e posição única entre seus semelhantes.

A *abrangência* é a qualidade da mente que capacita um homem a lidar com uma grande quantidade de detalhes relacionados, entendendo-os em sua totalidade, assim como o princípio único que os governa e une. É uma qualidade magistral, que traz poder de organização e comando, desenvolvida por uma atenção sistemática aos detalhes. O comerciante bem-sucedido guarda na mente todos os detalhes dos seus negócios. Ele os regula em um sistema adaptado à sua forma particular de negociar. O inventor tem na mente todos os detalhes da sua máquina, além da sua relação com um princípio mecânico central. Assim, aperfeiçoa seu invento. O autor de um grande poema ou história relaciona todos os seus personagens e incidentes a uma trama central. Desse modo, produz uma obra literária intrincada e duradoura. A abrangência é a capacidade analítica e sintética combinada no mesmo indivíduo. Uma mente capaz e bem ordenada, que guarda nas silenciosas profundezas uma multitude de detalhes dispostos e organizados à sua própria maneira, está próxima da genialidade, mesmo que esta ainda não tenha chegado. Nem todo homem pode ser ou precisa ser um gênio, mas pode evoluir gradualmente sua capacidade mental dando atenção cuidadosa ao sistema em seus pensamentos e negócios. À medida que seu intelecto se aprofunda e amplia, os poderes dele serão intensificados e a prosperidade, acentuada.

São esses, portanto, os quatro pilares fundamentais do Templo da Prosperidade. Por si só, já são suficientes para sustentar permanentemente a estrutura sem que seja necessário acrescentar os outros quatro. O homem que se aprimora em energia, economia, integridade e sistema alcançará um sucesso perene na obra da sua vida, não importa qual seja a natureza desse trabalho. Falhar é impossível para alguém repleto de energia, que poupa cuidadosamente seu tempo e dinheiro, cuida virtuosamente de sua vitalidade, vive com uma integridade inabalável e sistematiza o trabalho e a própria mente.

O esforço desse homem será direcionado corretamente, com um poder concentrado, de modo que tudo seja eficiente e frutífero. Além disso, ele alcançará integridade e dignidade independentes, que, inconscientemente, atrairão respeito e sucesso, fortalecendo os mais fracos simplesmente com sua presença entre eles. "Vês o homem diligente em seu negócio? Ele ficará diante de reis; não ficará diante de homens maus", dizem as *Escrituras* sobre um homem assim. Não vai implorar, resmungar ou reclamar, nem culpar outros com cinismo. Será um homem forte, puro e correto, incapaz de chegar a um ponto tão baixo. E assim, elevado pela nobreza e integridade do próprio caráter, encontrará uma posição de destaque no mundo e na estima dos homens. Seu triunfo é certo e sua prosperidade será eterna. "Resistirá em pé e não tombará na batalha da vida."

QUINTO PILAR
EMPATIA

Os pilares remanescentes são os quatro sustentáculos centrais do Templo da Prosperidade. São eles que dão mais força e estabilidade à estrutura, aperfeiçoando sua beleza e utilidade e contribuindo para sua atratividade. Pertencem às mais elevadas esferas morais e, portanto, trazem elegância e nobreza de caráter. De fato, são o que torna um homem grande e o colocam entre os poucos cujas mentes são raras — tão raras que sua brilhante pureza e inteligência reluz entre outras pessoas.

A empatia não deve ser confundida com o sentimento piegas e superficial que, como uma flor bonita sem a raiz, rapidamente perece sem deixar sementes ou frutos. Render-se a um sentimentalismo descontrolado não é empatia. Explosões de indignação violenta contra as crueldades e injustiças de outras pessoas também não são, nem indicam uma mente empática. Se alguém é cruel em casa — se atormenta a esposa, bate nos filhos, abusa dos empregados, apunhala os vizinhos com ironias cáusticas — quanta hipocrisia há quando essa pessoa alardeia seu amor pelo sofrimento daqueles que estão fora do seu círculo de influência mais próximo! E, também, nos sentimentos superficiais propagados por suas explosões de indignação contra a injustiça e a insensibilidade no mundo que o cerca.

Emerson diz sobre tais pessoas: "Vai, ama teu filho; ama teu machado; tenha boa índole e seja modesto; tenha graça, e nunca disfarce tua ambição cruel com esta ternura incrível por pessoas maldosas sentida a muitas milhas de distância. Teu amor ao que está distante é o desprezo em tua casa". O teste de um homem está em suas ações imediatas, não em seus sentimentos mais exacerbados. Se essas ações estiverem pareadas consistentemente com o egoísmo e a amargura, se as pessoas em casa ouvem seus passos com pavor e sentem um forte alívio quando ele se vai, as expressões de empatia desse homem pelos sofredores e oprimidos são vazias — assim como sua participação em alguma entidade filantrópica.

Embora o poço da compaixão possa abastecer a nascente das lágrimas, essa nascente com frequência brota da lagoa escura do egoísmo. Afinal, quando o egoísmo é fustigado, ele se desmancha em lágrimas.

A empatia é uma ternura profunda, silenciosa e inexprimível, manifestada em um caráter consistentemente altruísta e gentil. Pessoas compassivas não se debatem em espasmos. São sempre contidas, firmes, moderadas, discretas e graciosas. Sua disposição inabalável, especialmente no caso do sofrimento alheio, é frequentemente confundida com a indiferença por mentes mais ordinárias. Entretanto, seu olhar empático e perspicaz reconhece, em sua força silenciosa e prontidão para ajudar, a mais profunda e altruísta comisera~]ao, enquanto outros estão tramando e sujando as mãos.

A falta de empatia é demonstrada no cinismo, no sarcasmo perverso, nas zombarias, nas provocações, no ácido escárnio, na raiva e na condenação, assim como no sentimento falso e mórbido da empatia fingida.

A falta de empatia nasce do egoísmo. A empatia nasce do amor. O egoísmo está envolvido na ignorância. O amor é aliado do conhecimento. É comum que os homens se imaginem como seres separados de outras pessoas, com objetivos e interesses diferentes. Além disso, veem a si mesmos como certos e os outros como errados naquilo que fazem. A clemência eleva um homem acima dessa vida separada e autocentrada, possibilitando que viva no coração de seus pares, que pense e sinta com eles. Ele se coloca no lugar dos outros, tornando-se, por algum tempo, essas outras pessoas. É como diz Whitman, o herói do hospital: "Não faço perguntas aos feridos". Questionar uma criatura que sofre é um tipo de impertinência. O sofrimento pede ajuda e ternura, não curiosidade. A mulher ou o homem empático sente esse sofrimento e se esforça para aliviá-lo.

A empatia também não se gaba. Sempre que o autoelogio se aproxima, ela desaparece. Se alguém falar de seus vários atos de gentileza, reclamando do tratamento cruel que recebeu em resposta, não executou realmente atos de gentileza. Ainda precisa alcançar a modéstia, que é a doçura da compaixão.

Empatia, em seu sentido verdadeiro e profundo, é se sentir unido às pessoas em suas lutas e sofrimento. O homem empático é um ser composto: é, ao mesmo tempo, uma variedade de outros homens, e vê uma coisa a partir de uma série de perspectivas diferentes, e não de uma só —sua perspectiva individual. Ele vê com os olhos de outros homens, ouve com os ouvidos deles, pensa com sua mente e sente com seu coração. Assim, é capaz de entender homens que são muito distintos de si mesmo. O significado da vida dos outros lhe é revelado, unindo todos no espírito da boa vontade. Disse Balzac: "Os pobres me fascinam. Sua fome é minha fome; estou com eles em sua casa; de suas privações eu sofro; sinto os andrajos do mendigo em minhas costas; por algum tempo, torno-me o homem pobre e desprezado". Isso nos lembra o que disse alguém maior do que Balzac: o que fizeste por alguém que sofre, por Ele fizeste.

E assim é: a empatia nos conduz ao coração de todos os homens, de modo que nos tornamos espiritualmente unidos a eles. Quando sofrem, sentimos sua dor; quando se alegram, compartilhamos de sua alegria; quando são desprezados e perseguidos, descemos espiritualmente com eles até as profundezas e acolhemos sua humilhação e aflição em nosso coração. Quem tem esse espírito de compaixão que une e liga jamais pode ser cínico ou condenatório; jamais pode fazer julgamentos impensados e cruéis sobre seus semelhantes, pois, na ternura do seu coração, está sempre com eles em sua dor.

Mas, uma vez alcançada essa empatia madura, deve-se atentar para aquele que amou muito, sofreu muito e afundou nas profundezas sombrias da tristeza. É uma empatia que brota do contato com as experiências mais íntimas, de modo a arrancar a presunção, a irracionalidade e o egoísmo do coração do homem. Nenhum homem que nunca tenha sido "um homem triste, tocado pela angústia" é capaz de ter sincera compaixão. Mas a tristeza e a angústia devem ter passado, amadurecido em uma gentileza perene e uma calma habitual.

Ter sofrido tanto a ponto de superar o sofrimento, trazendo consigo uma sabedoria particular, faz com que alguém, sempre que esse sofrimento surgir, consiga entender e lidar com ele por meio de uma empatia pura. Quando essa pessoa for "aperfeiçoada pelo sofrimento" de várias maneiras, torna-se um centro de repouso e cura para aqueles que sofrem e têm o coração partido, aflitos pelas dificuldades que ela sentiu e superou. Assim como uma mãe sente a angústia de um filho que sofre, um homem empático sente a angústia das pessoas que sofrem.

Essa é a maior e mais sacrossanta empatia. Mas uma comiseração muito menos perfeita é um grande poder para fazer o bem à vida humana. É necessária uma porção dessa empatia todos os dias, por toda parte. Enquanto se alegra pelo fato de que há pessoas verdadeiramente misericordiosas em todos os setores da vida, uma pessoa também percebe que a rispidez, o ressentimento e a crueldade são muito comuns. Essas características malévolas trazem os próprios sofrimentos. Há também aqueles que fracassam nos negócios, ou em sua atividade profissional, inteiramente em consequência de seu comportamento ríspido. Um homem que é irritadiço e ressentido, ou insensível, frio e calculista, em cujo âmago a fonte da empatia já secou, dificilmente vai conseguir evitar o desastre em sua vida, mesmo que seja habilidoso. Seu comportamento cáustico e abrasador por um lado, ou a crueldade fria por outro, vai gradualmente isolá-lo dos semelhantes ou daqueles que estão ao seu redor ou com quem se relaciona. Da mesma forma, os elementos da prosperidade serão eliminados da vida dele, deixando-o com um fracasso solitário, e talvez como um desespero angustiante.

Mesmo em transações corriqueiras de negócios, a empatia é um fator importante. As pessoas sempre são atraídas por aqueles que têm uma natureza gentil e inteligente, preferindo negociar com eles do que com quem é inflexível e intimidador. Em todas as esferas em que o contato pessoal direto tem uma função importante, o homem empático com habilidade mediana sempre terá precedência sobre o homem com mais habilidades, mas sem empatia.

Se um homem for pastor ou clérigo, um riso cruel ou um comentário maldoso afetarão seriamente sua reputação e influência. Particularmente a influência, pois até mesmo aqueles que admiram suas boas qualidades terão menos respeito e estima por ele, resultado da falta de gentileza.

Se um empresário prega a religião, as pessoas esperam ver a boa influência dessa religião em suas transações. Alguém que alardeia servir ao gentil Jesus no domingo e, durante o resto da semana age como um servo duro e avarento de Mammon, prejudicará sua atividade profissional, depreciando consideravelmente a própria prosperidade.

A empatia é um idioma espiritual universal que todos, até mesmo os animais, compreendem e apreciam, pois todos os seres e criaturas estão sujeitos ao sofrimento. Essa igualdade nas experiências dolorosas leva ao sentimento de unidade que chamamos de empatia.

O egoísmo impele os homens a se proteger à custa dos outros. A empatia, por outro lado, impele-os a proteger os outros pelo autossacrifício. Não há perda derradeira e definitiva nesse autossacrifício, pois, se por um lado os prazeres do egoísmo são pequenos e poucos, as bênçãos da empatia são grandes e múltiplas.

Pode-se perguntar: "Como é possível para um empresário, cujo objetivo é desenvolver o próprio negócio, praticar o autossacrifício?" *Todo homem pode praticar o autossacrifício exatamente onde está, na medida que é capaz de compreendê-lo.* Se alguém disser que não é possível praticar determinada virtude, isso não deve ser levado em conta. Se as condições dessa pessoa fossem diferentes, ainda assim ela usaria a mesma desculpa. A perseverança nos negócios não é incompatível com o autossacrifício. A devoção ao dever, mesmo que esse trabalho seja o comércio, não é egoísta; pode ser uma devoção altruísta. Conheço um empresário cujo concorrente tentou tirá-lo dos negócios e fracassou, eliminando a si mesmo do mercado. O primeiro comerciante ajudou esse mesmo concorrente a se restabelecer. É um ato de autossacrifício verdadeiramente belo. E o homem que o fez, hoje, é um dos empresários mais prósperos e bem-sucedidos que existem.

O viajante comercial mais próspero que eu já conheci transbordava com uma gentileza e genialidade exuberantes. Não conhecia todos os macetes da profissão, sendo inocente como uma criança. Mas seu coração e sua retidão conquistavam vários bons amigos aonde quer que fosse. Os homens ficavam felizes ao vê-lo chegar a seus escritórios, loja ou fábrica, e não somente pela influência estimulante que ele trazia consigo. Os negócios que ele fazia também eram bons e honestos. O sucesso daquele homem advinha da sua enorme empatia — algo tão puro e livre de influências que ele provavelmente negaria que o sucesso fosse atribuído a esse preceito. A empatia nunca retarda o êxito. É o egoísmo que contamina e destrói. Conforme a boa vontade aumenta, a prosperidade de um homem também vai aumentar. Todos os interesses são mútuos, e resistem ou tombam juntos. À medida que a empatia engrandece o coração, ela amplia o círculo de influências, fazendo com que as bênçãos espirituais e materiais abundem.

Existem quatro qualidades que compõem a grande virtude da empatia, a saber:

1. **DESPRENDIMENTO**
2. **GENEROSIDADE**
3. **GENTILEZA**
4. **VISÃO**

O *desprendimento*, quando completamente desenvolvido, não é um impulso passageiro, e sim uma qualidade permanente. Um impulso intermitente e inconstante não é desprendimento, embora frequentemente receba esse nome. Não existe gentileza no elogio, se ele for seguido por algum abuso. O amor que parece gerar o beijo espontâneo não será tão bem-visto se associado a uma rejeição espontânea. O presente que pareceu tão generoso perde o valor se quem o trouxe, depois, quiser ser reembolsado. Ter os sentimentos despertados para realizar uma ação bondosa em favor de alguém por algum estímulo externo, e pouco depois ser levado ao extremo oposto em relação à mesma pessoa por um acontecimento desagradável — tudo isso deve ser visto como fraqueza de caráter. Além disso, é uma condição egoísta. A verdadeira gentileza é imutável, e não precisa de estímulo externo para ser colocada em ação. É um poço do qual almas sedentas sempre podem beber, uma fonte que nunca seca. Quando o desprendimento é forte, ele se mostra não apenas àqueles que nos agradam, como também contra aqueles cujas ações contrariam nossos desejos. É algo que tem brilho e calor constantes, sem nunca variar.

Há algumas ações das quais os homens se arrependem; todas são ações interesseiras. Há outras ações das quais os homens não se arrependem; todas estas são ações generosas. Chegará o dia em que os homens hão de sentir pena das coisas cruéis que fizeram e disseram. O dia da alegria, por outro lado, está sempre com eles pelas coisas gentis que disseram e fizeram.

Interesses escusos mancham o caráter de um homem. Mancham seu rosto conforme o tempo passa e a perfeição do sucesso que ele poderia alcançar de outro modo.

O desprendimento embeleza o caráter. Embeleza o rosto passarão longo dos anos e faz com que um homem possa alcançar a perfeição do sucesso com base em suas habilidades intelectuais. A prosperidade de um homem é amadurecida e enriquecida pelo desprendimento da sua disposição.

A *generosidade* é a parceira do desprendimento mais amplo. Se o desprendimento é o irmão gentil, a generosidade é a irmã forte. Um caráter livre, franco e magnânimo é sempre atraente e influente. A avareza e a mesquinhez sempre repelem. São sombrias, atravancadas, estreitas e frias. O desprendimento e a generosidade sempre atraem. São brilhantes, geniais, abertos e aconchegantes. Tudo que repele causa isolamento e fracasso; tudo que atrai causa união e sucesso.

Dar é um ato tão importante quanto receber. Quem recebe tudo que quer, e se recusa a dar, fatalmente será incapaz de receber. Isso é uma lei tão espiritual que não podemos receber a menos que demos; e não podemos dar a menos que recebamos.

Os professores religiosos sempre ensinaram que dar é um dever grande e importante. Isso acontece porque dar é uma das vias para o crescimento e progresso. É um meio pelo qual alcançamos um desapego cada vez maior, e pelo qual nos impedimos de cair no egoísmo. Implica em reconhecer a proximidade espiritual e social com nossos semelhantes e que estejamos dispostos a renunciar a uma parte daquilo que conquistamos ou temos. Quando um homem que já ganhou muito anseia por mais, recusando-se a se desapegar do que já acumulou como uma fera selvagem em relação à presa, isso é um retrocesso. Ele se afasta de todas as qualidades superiores que trazem a felicidade e da comunhão livre e generosa com corações humanos altruístas e felizes. Scrooge, o personagem de Charles Dickens em *Um Conto de Natal*, representa de maneira vívida e dramática a condição de um homem assim.

Os homens públicos da Inglaterra de hoje (e provavelmente também nos Estados Unidos) são, na maioria (acho até que poderia incluir todos, pois ainda não encontrei uma exceção), grandes doadores. Esses homens – lordes-prefeitos, prefeitos, magistrados, conselheiros, vereadores distritais ou municipais e todos os homens que conseguiram administrar com sucesso suas questões privadas são considerados os melhores para a administração das questões públicas. Várias instituições renomadas pelo país são testemunhas perpétuas da magnanimidade de seus talentos. Também não consegui encontrar nenhuma verdade mais sólida na acusação frequentemente lançada sobre tais homens por pessoas invejosas ou malsucedidas de que a riqueza deles foi conquistada injustamente. Mesmo que não sejam homens perfeitos, são uma classe honrada de homens honestos, vigorosos, generosos e bem-sucedidos, que adquiriram renome e riquezas pelo próprio esforço, capacidade e retidão.

Que o homem se acautele contra a cobiça, mesquinhez, inveja, ganância e desconfiança, pois essas características, se acumuladas, roubam-nos tudo que há de melhor na vida, incluindo tudo que há de melhor nas coisas materiais e tudo que há de melhor em termos de caráter e felicidade. Que esse homem seja liberal de coração e generoso de mãos, magnânimo e confiante, não somente doando alegremente e frequentemente do próprio patrimônio, como dando aos amigos e semelhantes a liberdade de pensamento e ação. Que esse homem seja assim, e que a honra, fartura e prosperidade batam à sua porta, entrando com os amigos e os convidados.

A *gentileza* é similar à divindade. Talvez nenhuma qualidade esteja tão distante de tudo que é grosseiro, brutal e egoísta quanto a gentileza. Quando alguém se torna gentil, torna-se também divino. É algo que só pode ser adquirido depois de muita experiência e por meio de forte autodisciplina. Ela somente se estabelece no coração de um homem depois que ele controlou e subjugou seu instinto animal, uma enunciação distinta e firme, mas discreta; e depois que se livrou da empolgação, da veemência ou do ressentimento em circunstâncias particularmente agravantes.

Se há uma qualidade que, acima de todas as outras, deve distinguir o homem religioso, é a gentileza. Essa é a marca notória da cultura espiritual. O homem rude e agressivo é uma afronta a mentes cultas e corações altruístas. O termo *gentleman* da língua inglesa, o "homem gentil", não se afastou tanto de seu significado original. Ele ainda é aplicado àqueles que são modestos e autocontrolados, que consideram os sentimentos e o bem-estar das outras pessoas. Um homem gentil, cuja boa conduta é amplificada pela racionalidade e o desprendimento, é sempre amado, qualquer que seja sua origem. Pessoas mal-humoradas exibem seus conflitos e recriminações. Estão mostrando sua ignorância e falta de cultura. O homem que se aperfeiçoou na gentileza nunca se envolve em discussões acaloradas. Nunca rebate a palavra ríspida; procura deixá-la de lado, ou a confronta com uma palavra gentil, que é muito mais poderosa do que a ira. A gentileza está casada com a sabedoria, e o homem sábio superou toda a raiva que há em si mesmo, entendendo, assim, como superá-la nas demais pessoas. O homem gentil está a salvo da maioria das perturbações e tumultos com as quais os homens descontrolados se afligem. Enquanto estes se desgastam com esforços inúteis e desnecessários, o homem gentil é tranquilo e sereno. E essa tranquilidade e serenidade são a força necessária para vencer na batalha da vida.

A *visão* é a dádiva da empatia. A mente empática é a mente profundamente perspicaz. Compreendemos as coisas pela experiência, não pelas desavenças. Antes de conhecer algo ou um ser, nossa vida deve tocar essa outra vida. Desavenças analisam a casca exterior, mas a empatia alcança o coração. O cínico vê o chapéu e o casaco, e pensa que vê o homem. A pessoa empática enxerga o homem. E não se preocupa com o chapéu e o casaco. Em todos os tipos de ódio existe uma separação pela qual um lado erra ao julgar o outro. Em todos os tipos de amor existe uma união mística pela qual um lado conhece o outro. A empatia, sendo a forma mais pura disso, é como o maior de todos os poetas, pois tem o maior de todos os corações. Nenhuma outra figura em toda a literatura mostrou um conhecimento tão profundo do coração humano ou da natureza, tanto nos seres vivos quanto nos inanimados. O Shakespeare *pessoal* não é encontrado em suas obras. Ele se mescla, pela empatia, aos seus personagens. O sábio e o filósofo; o louco e o tolo; o bêbado e a prostituta. Estes, em sua época e pela própria experiência, ele conheceu melhor do que essas pessoas conheciam a si mesmas. Shakespeare não tem parcialidade nem preconceito. Sua empatia abraça todos, do mais baixo ao mais alto.

O preconceito é a grande barreira à empatia e ao conhecimento. É impossível entender aqueles contra quem uma pessoa tem preconceitos. Só é possível enxergar os homens e as coisas como são quando livramos nossa mente dos julgamentos e da parcialidade. Conseguimos enxergar quando desenvolvemos a empatia. A empatia tem o conhecimento como parceiro.

São inseparáveis, o coração sensível e o olho perspicaz. O homem misericordioso é o homem da profecia. Àquele cujo coração bate no mesmo ritmo de todos os corações o conteúdo de todos os corações será revelado. O passado e o futuro não são mais mistérios insolúveis para o homem empático. Sua perspectiva moral abrange a imagem perfeita da vida humana.

Uma visão empática eleva um homem rumo à consciência da liberdade, satisfação e poder. Seu espírito inala a alegria como os pulmões inalam o ar. Não há mais temores dos seus semelhantes, da competição, de tempos difíceis, inimigos e outros. Essas ilusões rasteiras desapareceram, e um reino de grandiosidade e grandeza se abre diante da sua visão despertada.

SEXTO PILAR
SINCERIDADE

A sociedade humana se mantém coesa pela sinceridade. Uma falsidade universal criaria uma desconfiança universal, que resultaria em uma separação universal, ou mesmo na destruição. A vida se torna sensata, saudável e feliz pelas crenças sólidas que temos uns nos outros. Se não confiássemos nos homens, não poderíamos fazer negócios com eles. Não poderíamos nem mesmo nos associar a eles. *Timon*, de Shakespeare, mostra-nos a condição miserável de um homem que, em razão da própria tolice, perdeu a fé na sinceridade da natureza humana. Ele se isola da companhia de todos os homens, finalmente cometendo suicídio. Emerson diz que, se o sistema de confiança fosse removido do comércio, a sociedade desmoronaria. Esse sistema é uma indicação da confiança universal que os homens têm uns nos outros. O mundo dos negócios, normalmente visto por tolos e míopes como fraudulento e enganoso, baseia-se em uma enorme confiança: a confiança de que os homens assumirão e cumprirão com suas obrigações. O pagamento não é solicitado até que as mercadorias sejam entregues. O fato de que o sistema continua agindo assim desde sempre comprova que a maioria dos homens paga suas dívidas, e não deseja evitar esse pagamento.

Apesar de todos os seus defeitos, a sociedade humana repousa em uma base forte composta pela verdade. Sua nota fundamental é a sinceridade. Seus grandes líderes são todos homens de sinceridade superlativa, cujos nomes e conquistas jamais perecerão — uma prova de que a virtude da sinceridade é admirada por toda a raça humana.

É fácil para os insinceros imaginar que todo mundo é como eles, comentando sobre a "podridão da sociedade". Mas como algo apodrecido pode perdurar, era após era, se tudo parece roto para o olho adoentado? Quem não consegue perceber nada de bom na constituição da sociedade humana deveria rever seus valores e a si mesmo. O problema dessas pessoas está muito próximo delas. Chamam de mau tudo que é bom. Deram tanta atenção ao mal, de maneira cínica e egoísta, que não são capazes de ver o bem. Assim, tudo e todos parecem ser maus. "A sociedade está apodrecida dos pés à cabeça", ouvi um homem dizer recentemente. Ele me perguntou se eu não pensava o mesmo. Respondi que ficaria triste se pensasse assim. Embora a sociedade tenha muitos defeitos, ela é sólida no âmago, e traz dentro de si as sementes da perfeição.

A sociedade, de fato, é tão sólida, que o homem que busca alcançar objetivos inteiramente egoístas não pode prosperar por muito tempo, assim como não pode ocupar nenhum lugar de influência. Ele não demora a ser desmascarado e contrariado. O fato de que esse homem pode, mesmo por um breve período, abusar da credulidade humana, fala muito sobre a confiança dos homens, mesmo que revele sua falta de sabedoria.

Um ator renomado nos palcos é admirado, mas o ator ardiloso no palco da vida se rebaixa ao descrédito e desprezo. Esforçando-se para parecer o que não é, torna-se alguém que não tem individualidade, não tem caráter e é privado de toda influência, poder e sucesso.

Um homem de profunda sinceridade é uma grande força moral. E não há força — nem mesmo a mais alta das forças — que possa ser comparada a ela. Os homens são uma influência poderosa, de acordo com a solidez e perfeição de sua sinceridade. A moralidade e a sinceridade estão tão ligadas que, onde falta sinceridade, a moralidade, como poder, também falta. A insinceridade solapa todas as outras virtudes, fazendo com que desmoronem e se tornem insignificantes. Até mesmo uma pequena insinceridade rouba toda a nobreza de um caráter, transformando-o em algo comum e desprezível. A falsidade é um vício tão desprezível, que nenhum homem de moral sólida pode se dar ao luxo de brincar com elogios vazios ou agir como tolo e se distrair com futilidades, por mais leves que sejam, apenas para agradar. Agindo assim, ele deixa de ser forte e admirável, tornando-se um fraco cuja mente não dispõe de uma fonte profunda de poder do qual as pessoas possam se nutrir, nem uma riqueza interior capaz de despertar nelas um respeito reverente.

Mesmo aqueles que, por alguns momentos, sentem-se lisonjeados por uma mentira bem maquiada, ou contentes com um embuste engenhosamente urdido, não escaparão da influência subjacente que toca o coração e molda o julgamento de questões fixas e definitivas. Essas ilusões apenas criam ondulações momentâneas na superfície da mente.

"Fico muito contente com toda essa atenção", disse uma mulher sobre um conhecido. "Mas não me casaria com ele." "Por que não?", perguntaram-lhe. "Não me soa sincero", foi a resposta.

Soar sincero, uma expressão cheia de significado. É uma referência à moeda que, quando testada, emite um som que revela o metal precioso por toda a sua estrutura, sem a mistura de materiais básicos. *Está de acordo com o padrão* e será aceita em qualquer lugar pelo valor que exibe.

O mesmo acontece com os homens. Suas palavras e ações emitem sua própria influência. Nelas, há um som inaudível que todos os outros ouvem internamente e detectam por instinto. Eles distinguem o retinir falso do verdadeiro, mas não sabem exatamente como. Assim como o ouvido externo pode distinguir os sons mais delicados, o ouvido interno pode fazer distinções igualmente sutis entre as almas. Ninguém é realmente enganado além do enganador. Essa é a tolice cega dos insinceros. Enquanto se autoelogiam pelo sucesso de seus simulacros, não estão enganando ninguém além de si mesmos. Suas ações são expostas a todos os corações.

Há, no ouvido do homem, um tribunal cujos julgamentos nunca erram. Se os sentidos detectam com perfeição, a alma entenderá sem qualquer percalço. Essa infalibilidade interior é demonstrada no julgamento coletivo da raça humana. É um julgamento perfeito. Tão perfeito que, na literatura, arte, ciência, invenção e religião — em cada aspecto do conhecimento — ele separa os bons dos maus, os dignos dos indignos, os verdadeiros dos falsos, guardando e protegendo zelosamente os primeiros e permitindo que os últimos pereçam. As obras, palavras e ações de grandes homens são seu legado para a humanidade. E a humanidade não é negligente com o seu valor. Mil homens escrevem um livro, e apenas um é obra de genialidade original. A humanidade a identifica, eleva e preserva, relegando as outras novecentas e noventa e nove ao esquecimento. Dez mil homens proferem uma sentença sob circunstâncias similares, e apenas uma delas tem sabedoria divina. A humanidade identifica o ditado para a própria orientação e para a posteridade; as outras sentenças jamais são ouvidas outra vez. É verdade que a humanidade aniquila seus profetas, mas até mesmo essa aniquilação se torna um teste que revela o verdadeiro retinir, e os homens detectam quem são os verdadeiros. O aniquilado foi posto à prova, e a ação de aniquilá-lo é preservada como uma prova infalível de sua grandeza.

A moeda falsa é detectada e jogada de volta à fundição para ser derretida, enquanto a moeda verdadeira circula entre os homens e é reconhecida por seu valor. Da mesma forma, a palavra, ação ou caráter falsos são percebidos e deixados para que caiam de volta no nada do qual emergiram, algo irreal, impotente e morto.

Coisas ilegítimas não têm valor, sejam elas bugigangas ou homens. Ficamos constrangidos por imitações que tentam se passar por um artigo genuíno. A falsidade é desprezível. O dissimulado se torna motivo de riso. É menos do que um homem; é uma sombra, um espectro, uma simples máscara. A verdade é valiosa. O homem de coração íntegro se torna exemplar. Ele é mais do que um homem; é uma realidade, uma força, um princípio moldador. Pela falsidade tudo se perde; até mesmo a individualidade se dissolve, pois a falsidade é uma não entidade, é o nada. Com a verdade, tudo é conquistado, pois a verdade é fixa, permanente e real.

É importante que todos sejamos reais; que não tenhamos o desejo de nos mostrar como não somos, nem de simular virtude alguma, presumir excelência ou adotar disfarces. O hipócrita acha que pode enganar todas as pessoas e a eterna lei do mundo. Há somente uma pessoa que ele engana, e é ele mesmo. Em casos como este, a lei do mundo aplica uma punição exemplar. Há uma velha teoria que diz que os excessivamente maldosos são aniquilados. Eu creio que ser um farsante é chegar o mais perto possível da aniquilação. Essa é a maneira pela qual o homem pode ser completamente destruído, e em seu lugar não resta nada além de uma miragem de mentiras. Ele desceu até o inferno da aniquilação que tantos temem. E pensar que esse homem seja capaz de prosperar é pensar que as sombras podem fazer o trabalho das entidades, substituindo os verdadeiros homens.

Se um homem acredita que pode construir uma carreira de sucesso com base em aparências e dissimulações, deve parar e refletir antes de afundar no abismo das sombras. Na falsidade não há chão firme, nem substância, nem realidade. Não há nada sobre o que algo possa se sustentar, nem material com que se possa construir. Há somente solidão, pobreza, vergonha, confusão, medo, desconfiança, choro, gemidos e lamentos. Se existe um inferno mais profundo, mais sombrio e mais impuro do que todos os outros, é o inferno da insinceridade.

Quatro belas características adornam a mente do homem sincero. São elas:

1. **SIMPLICIDADE**
2. **ATRATIVIDADE**
3. **PENETRAÇÃO**
4. **PODER**

A *simplicidade* é o estado natural das coisas. É simplesmente ser, sem adornos falsos ou desnecessários. Por que os elementos da natureza são tão belos? Porque são naturais. Nós os vemos como são, não da maneira como desejam se mostrar; na verdade, eles não têm desejo nenhum de se mostrar de modo diferente do que realmente são. Não há hipocrisia no mundo natural exterior à natureza humana. A flor que é bela a todos os olhos perderia a beleza se fosse apenas aparência. Como é uma expressão da natureza, nós contemplamos nela a realidade. Sua beleza e perfeição nos agrada e nos causa admiração. É impossível encontrar um defeito em qualquer lugar, e temos a consciência da nossa incapacidade de melhorar qualquer aspecto, por mais insignificante que seja. Tudo tem sua própria perfeição particular e brilha na beleza da simplicidade inconsciente.

Um dos gritos sociais modernos é "de volta à natureza". Geralmente, traduz-se como um chalé no campo, com um pedaço de terra para cultivar. Não fará muita diferença retornar para o campo se trouxermos nossas farsas conosco. Qualquer fachada que ainda esteja aparente pode ser removida exatamente onde estamos agora. É bom que aqueles que se sentem sobrecarregados pelas convenções da sociedade fujam para o campo e cortejem a tranquilidade da natureza. Entretanto, isso vai fracassar se for qualquer coisa além de um meio de alcançar a redenção que nos levará de volta ao que é simples e verdadeiro.

Entretanto, embora a humanidade tenha se afastado da simplicidade natural do mundo animal, ela está se movendo rumo a uma simplicidade divina. Homens de grande genialidade são assim por sua simplicidade espontânea. Eles não fingem; eles *são*. Mentes inferiores estudam estilo e efeitos. Querem aparecer de modo impactante no palco do mundo, mas esse desejo rasteiro faz com que sejam condenadas à mediocridade. Um homem me disse recentemente: "Eu daria vinte anos da minha vida para compor um hino imortal". Com tal ambição, um homem não pode produzir um hino. Ele só quer aparecer. Está pensando em si mesmo, na própria glória. Antes que um homem possa compor um hino ou criar qualquer obra imortal, ele deve se dedicar — mas não vinte anos de sua vida à ambição. Ele deve cantar, pintar, escrever e compor dez mil experiências amargas, dez mil fracassos, dez mil conquistas, dez mil alegrias. Deve conhecer o Getsêmani; deve trabalhar com sangue e lágrimas.

Ao reter seu intelecto e poder moral, e retornando à simplicidade, um homem se torna grande. Não renega nada que seja real. Somente as farsas são descartadas, revelando o ouro puro do caráter. Onde houver sinceridade, sempre haverá simplicidade; uma simplicidade como a que vemos na natureza, a bela simplicidade da verdade.

A *atratividade* é o resultado direto da simplicidade. Isso pode ser visto na atratividade de todos os objetos naturais aos quais nos referimos. Na natureza humana, isso se manifesta como *influência pessoal*. Em anos recentes, certos pseudomísticos vêm alardeando que vendem o segredo do "magnetismo pessoal" por muitos dólares. Assim, eles se propõem a mostrar a pessoas vaidosas como podem se tornar atraentes para os outros por meio de certos meios "ocultos", como se a atratividade pudesse ser comprada e vendida, aplicada ou removida, como pó e maquiagem. Pessoas que anseiam se tornar atraentes têm poucas chances de conseguir o que querem, pois sua vaidade é uma barreira. O desejo de ser visto como atraente é, em si, um engano que leva à prática de inúmeros outros enganos. Infere-se, também, que essas pessoas sabem que lhes faltam a atração genuína e as graças do caráter, e estão em busca de algo que as substitua. Mesmo assim, não existe substituto para a beleza da mente e a força de caráter. A atratividade, assim como a genialidade, é perdida quando é cobiçada. É possuída por aqueles que são sólidos demais e cujo caráter é sincero demais para desejá-la.

Não há nada na natureza humana — nem talento, nem intelecto, nem afeição, nem beleza de feições — que possa se comparar em termos de poder atrativo com a solidez da mente e a integridade do coração que chamamos de sinceridade. Há um encanto perene em uma mulher ou um homem sincero. Eles atraem para si os melhores espécimes da natureza humana. Não pode haver encanto pessoal sem sinceridade. Pode até haver paixão, mas isso é uma espécie de doença vastamente diferente do elo indissolúvel pelo qual as pessoas sinceras se ligam. A paixão termina em uma desilusão dolorosa, mas, como nada se oculta entre almas sinceras e elas se erguem sobre o solo firme da realidade, não há ilusão a exibir.

Os líderes entre os homens atraem pelo poder da sinceridade, e a medida da sua sinceridade é tal que, por maior que seja o intelecto de um homem, ele jamais poderá ser um líder permanente e guia para outros a menos que seja sincero. Por determinado período, ele pode navegar sorridente pelo rio da popularidade, acreditando que está seguro, mas é possível que não tarde a decair em meio ao ódio popular. Não pode enganar as pessoas por muito tempo com sua fachada colorida. Elas logo vão procurar o que há por trás, e descobrir o material adulterado do que ele é feito. É como uma mulher com o rosto pintado. Ela acha que é admirada pela aparência, mas todos sabem que é só maquiagem e a desprezam por isso. Só existe uma pessoa que a admira — ela mesma, e o inferno limitante ao qual todos os insinceros se dedicam é o inferno de se autoadmirar.

Pessoas sinceras não pensam em si mesmas, no próprio talento, genialidade, virtude e beleza. E, como não têm plena noção de si mesmas, elas atraem todos e conquistam sua confiança, afeição e estima.

A *penetração* pertence aos sinceros. Todos os embustes são revelados em sua presença. Todos os simuladores são transparentes ao olho perspicaz do homem sincero. Com um olhar atento, ele consegue enxergar em meio a todas as pretensões frágeis. Trapaceiros se encolhem sob esse olhar forte e tentam se afastar dele. Quem livra o coração de toda a falsidade e acolhe somente o que é verdadeiro ganha o poder de distinguir a falsidade da verdade nos outros. Não se deixa enganar nem se engana.

Os homens, ao observar os objetos da natureza, distinguem infalivelmente elementos como uma cobra, um pássaro, um cavalo, uma árvore, uma rosa, e assim por diante. Da mesma forma, um homem sincero distingue entre uma variedade de caráteres. Ele percebe em um movimento, um olhar, uma palavra, uma ação, a natureza do homem, e age de acordo. Levanta a guarda sem demonstrar desconfiança. Está preparado para o farsante, sem levantar suspeita. Age a partir do conhecimento positivo, não pela desconfiança negativa. Os homens se abrem para ele, e ele lê seu conteúdo. Seu discernimento penetrante perfura o núcleo das ações. Sua conduta direta e inequívoca reforça nas pessoas o bem e constrange o mal. É como um cajado forte para aqueles que ainda não alcançaram o mesmo estado na mente e no coração.

O *poder* é aliado da penetração. Uma compreensão sobre a natureza das ações é acompanhada pelo poder de encontrar e lidar com todas as ações da melhor e mais correta maneira. Conhecimento sempre é poder, mas conhecer a natureza das ações é um poder superlativo. O homem que tem esse conhecimento se torna uma *presença* para todos os corações e modifica suas ações para o bem. Por muito tempo depois de sua presença corpórea ter se esvaído, ele ainda é uma força de moldagem no mundo e uma realidade espiritual que trabalha sutilmente na mente dos homens, forjando-a para que chegue a fins sublimes. No início, seu poder é local e limitado; porém o círculo de retidão que ele colocou em movimento continua a se estender até abarcar todo o mundo, influenciando todos os homens.

O homem sincero imprime seu caráter em tudo que faz e em todas as pessoas com quem entra em contato. Diz uma palavra no momento certo, e alguém se impressiona. A influência é transmitida a outra pessoa, e mais outra, até que alguma alma desamparada a dez mil quilômetros de distância a ouve e se recupera. Esse poder é a prosperidade em si mesmo, e seu valor não pode ser medido em moedas. O dinheiro não pode comprar as joias inestimáveis do caráter, mas o trabalho de fazê-lo pode. Quem se torna sincero, quem conquista uma solidez robusta sobre todo o seu ser se tornará um homem de singular êxito e raro poder.

Esse é o forte pilar da sinceridade. Sua força de sustentação é tão grande que, uma vez que esteja completamente erguido, o Templo da Prosperidade estará seguro. Suas paredes não desmoronam; as vigas do telhado não apodrecem; e o teto não desaba. Vai continuar em pé enquanto o homem viver. E, após sua morte, continuará a ser um abrigo e um lar para outras pessoas por várias gerações.

SÉTIMO PILAR
IMPARCIALIDADE

Livrar-se do preconceito é uma grande conquista. O preconceito empilha obstáculos no caminho de um homem — à saúde, ao sucesso, à felicidade e à prosperidade — de modo que continuamente se depara com inimigos imaginários. Estes, quando o preconceito é removido, revelam-se amigos. A vida, de fato, é uma espécie de corrida de obstáculos para o homem preconceituoso; uma corrida em que obstáculos não podem ser ultrapassados e a meta não pode ser alcançada. Por outro lado, para o homem imparcial, a vida é um passeio agradável no campo, com frescor e descanso ao fim de cada dia.

Para alcançar a imparcialidade o homem deve remover o egoísmo inato que o impede de ver qualquer coisa a partir de perspectivas que não sejam as dele mesmo. Uma tarefa enorme, com certeza. Mas é uma tarefa notável, e que pode muito bem começar agora, ainda que não possa ser concluída. A verdade pode "mover montanhas". O preconceito é uma cordilheira de montanhas mentais além das quais o homem parcial não enxerga, acreditando não haver nada além delas. Quando as montanhas são movidas, entretanto, a visão se abre para uma paisagem infinita de variedade mental contida em uma imagem gloriosa de luz e sombra, cores e tons, alegrando os olhos que a observam.

Quantas alegrias se perdem, quantas amizades são sacrificadas, quanta felicidade é destruída e quantas propostas são contaminadas quando nos apegamos a preconceitos arraigados! E, mesmo com tudo isso, livrar-se de preconceitos é algo raro. São poucos os homens que não estão divididos pelo preconceito nos assuntos pelos quais têm interesse. É raro encontrar um homem capaz de discutir desapaixonadamente um assunto a partir dos dois lados, considerando todos os fatos e ponderando todas as evidências para chegar à verdade da questão. Cada pessoa envolvida tem os próprios interesses a defender. Ela não busca a verdade, pois já se convenceu de que sua própria conclusão é a verdade e todo o resto é erro. Mas defende a própria visão, esforçando-se para vencer. Também não tenta provar que conhece a verdade, apresentando um conjunto tranquilo de fatos e evidências, e sim defende sua posição com mais ou menos furor e agitação.

O preconceito faz com que um homem forme uma conclusão, às vezes sem nenhuma base em fato ou conhecimento. Também se recusa a considerar qualquer coisa que não respalde essa conclusão. Dessa maneira, o preconceito é uma barreira à aquisição de conhecimento. Ela mantém o homem aferrado às trevas e à ignorância, impedindo que desenvolva sua mente nas direções mais nobres e elevadas. Mais do que isso, ele também o afasta de comungar com as melhores mentes e o confina à cela escura e solitária do próprio egoísmo.

Preconceito é fechar a mente e impedir que uma nova luz adentre, que se perceba a beleza e que se ouça a música divina. Uma pessoa com convicções arraigadas se prende à própria opinião, por mais frágil, efêmera e menor que seja, pensando ser a melhor coisa que existe. Está tão apaixonada pela própria conclusão (em si, apenas uma forma de amor-próprio) que acha que todos os homens deveriam pensar do mesmo jeito. E enxerga os homens que não compartilham da mesma visão como mais ou menos tolos, enquanto elogia o bom julgamento daqueles que têm a mesma perspectiva. Uma pessoa assim não pode ter conhecimento nem verdade. Está confinada à esfera da opinião e das próprias ilusões que inventou, que estão fora do reino da realidade. Move-se em uma espécie de encanto por si mesma que a impede de ver os fatos mais comuns da vida, enquanto suas próprias teorias — geralmente mais ou menos descabidas — assumem, na mente dela, proporções esmagadoras. Imagina que existe uma única perspectiva para analisar todas as coisas, e que essa perspectiva é a dela mesma.

Há pelo menos dois lados a considerar em todas as coisas. Quem encontra a verdade de uma questão é aquele que examina os dois lados, sem se deixar dominar pela empolgação e sem qualquer desejo de que um predomine sobre o outro.

Em suas divisões e controvérsias, o mundo exterior é como dois advogados que disputam um caso. A promotoria apresenta todos os fatos que comprovam seu ponto de vista, enquanto a defesa apresenta todos os fatos que respaldam seus argumentos. E cada uma rebaixa, ignora ou tenta refutar os fatos da outra. O juiz do caso, entretanto, é como o pensador imparcial entre os homens — após ouvir os argumentos de ambos os lados, ele os compara e filtra para tomar uma decisão imparcial baseada na justiça.

Essa parcialidade universal não chega a ser algo ruim. Em todos os outros extremos, a natureza aqui reduz as oposições de partes conflitantes a um equilíbrio perfeito. Além disso, é um fator na evolução; ela estimula a pensar os homens que ainda não desenvolveram o poder de criar os próprios pensamentos vigorosos quando quiserem, e é uma fase pela qual todos devem passar. Mas isso é somente uma estrada secundária, um caminho retorcido, confuso e doloroso que leva até a grande rodovia da verdade. É ali que se alcança a imparcialidade com perfeição. Essa pessoa de convicções polarizadas vê uma parte da verdade e pensa que é o todo; já o pensador imparcial vê a verdade integral, que inclui todas as perspectivas. É necessário, primeiramente, encontrar e ver a verdade em partes. Até que, mais tarde, depois que todas as partes forem encontradas, possamos montá-las e compor um círculo perfeito. A construção desse círculo é alcançar a imparcialidade.

O homem imparcial examina, pondera e considera, livre de preconceitos e de apreciação ou desprezo. Seu único desejo é descobrir a verdade. Ele se livra de opiniões preconcebidas e deixa que fatos e evidências falem por si. Não tem nada a provar, pois sabe que a verdade é inalterável, que suas opiniões não fazem diferença e a verdade pode ser investigada e descoberta. Assim, escapa de uma quantidade enorme de atrito e desgastes aos quais as pessoas mais polarizadas estão sujeitas. Além disso, encara diretamente a face da realidade, conquistando paz e tranquilidade.

A liberdade de preconceitos é tão rara que, independentemente de onde o pensador estiver, ele sabe que, mais cedo ou mais tarde, ocupará uma posição muito elevada na estima do mundo e na condução de seu destino. Não necessariamente em um escritório, lidando com assuntos comuns, pois isso é improvável, e sim uma posição exaltada em sua esfera de influência. Talvez haja alguém assim agora, um carpinteiro, um tecelão, um balconista. Pode viver na pobreza ou no lar de um milionário; pode ser alto ou baixo, ter qualquer compleição física. Entretanto, seja quem for ou onde estiver, embora desconhecido, esse homem já começou a mover o mundo, e um dia, será reconhecido universalmente como uma nova força e centro criativo na evolução.

Já existiu alguém assim, há cerca de mil e novecentos anos. Era somente um carpinteiro pobre e iletrado. Foi considerado louco pelos próprios parentes, e teve um fim vergonhoso nas mãos dos próprios conterrâneos. Mas lançou as sementes de uma influência que afetou todo o mundo.

Outro homem assim viveu na Índia, há cerca de vinte e cinco séculos. Era um homem realizado, altamente instruído, filho de um capitalista e proprietário de terras nos domínios de um rei. Tornou-se um mendigo pobre e desabrigado. Até hoje, cerca de um terço da humanidade o venera em seus altares, moderando-se e se elevando por sua influência.

"Acautela-te quando o Deus grandioso liberta um pensador neste plano", diz Emerson. Um homem limitado pelo preconceito não é um pensador, é somente alguém que se esforça para manter uma opinião. Toda ideia deve ser intermediada por seu preconceito e receber seu tom, de modo que o pensamento desapegado e o julgamento imparcial se tornam impossíveis. Um homem assim vê tudo apenas em relação a si mesmo, ou em uma relação imaginada com a opinião que tem. O pensador, por outro lado, enxerga as coisas como são. O homem que purificou a mente do preconceito e de todas as imperfeições do egoísmo, a ponto de poder encarar diretamente a realidade, chegou ao ápice do poder. Ele tem nas mãos a influência mais vasta que existe, e exerce esse poder, mesmo que não saiba exatamente do que é capaz. É algo inseparável da sua vida, e emana dele como o perfume de uma flor. Tudo isso se mostra em suas palavras, nas ações, na postura do corpo e nos movimentos da mente — até mesmo em seu silêncio e imobilidade. Aonde quer que vá, mesmo que voe até o deserto, ele não escapa desse destino superior, pois um grande pensador é o centro do mundo. É quem mantém todos os homens na própria órbita e ao redor de quem todos pensamentos orbitam.

O verdadeiro pensador vive acima e além do redemoinho fervente das paixões no qual a humanidade está mergulhada. Não é convencido por considerações pessoais, pois já compreendeu a importância dos princípios impessoais. Assim, não sendo um dos combatentes na batalha campal dos desejos egoístas, ele pode, como um observador em um ponto elevado, imparcial, mas não indiferente, ver os dois lados igualmente e compreender a causa e o significado da disputa.

Não somente os grandes mestres, como também os maiores ícones da literatura são aqueles que estão livres do preconceito. Aqueles que, como verdadeiros espelhos, observam tudo imparcialmente. Assim são Whitman, Shakespeare, Balzac, Emerson e Homero. Essas mentes não são locais, são universais. Sua postura é cósmica, não pessoal.

Elas contêm em si todas as coisas e seres, todos os mundos e leis. São os deuses que guiam a humanidade e finalmente a levarão da febre das paixões até sua própria terra serena.

O verdadeiro pensador é o maior entre todos os homens, e seu destino é o mais exaltado. A mente completamente imparcial alcançou a divindade, banhando-se na luz plena e pura da realidade.

Os quatro grandes elementos da imparcialidade são:

1. **JUSTIÇA**
2. **PACIÊNCIA**
3. **CALMA**
4. **SABEDORIA**

Justiça é dar e receber valores iguais. O que comumente se chama de "fazer um mau negócio" é uma espécie de roubo. Significa que, quando o comprador paga apenas por parte da compra, o restante é apropriado como um ganho. O vendedor também estimula isso ao fechar o negócio.

O homem justo não tenta tirar vantagem — ele considera o verdadeiro valor das coisas e molda suas transações de acordo. Ele não deixa "o que vai pagar" vir antes de "o que é o certo", pois sabe que o que é correto paga melhor no fim das contas. Não busca o próprio benefício em detrimento do de outros, pois sabe que uma ação justa beneficia, igual e completamente, as duas partes de uma transação. Se "o lucro de um homem é o prejuízo de outro", isso acontece apenas para que o equilíbrio seja posteriormente restaurado. Ganhos injustos não podem levar à prosperidade, e certamente vão trazer o fracasso. Um homem justo não pode arrancar ganho injusto de outro homem pelo que chama de "transação astuta"; não mais do que conseguiria se roubasse a si mesmo. Um ato é tão desonesto quanto o outro.

O espírito de levar vantagem nos negócios não é o verdadeiro espírito do comércio; é o espírito egoísta e ardiloso que deseja conseguir algo sem dar nada em troca. O homem correto expurga seus negócios de todas as ocasiões em que possa conseguir vantagens injustas, estruturando-o como uma base sólida e digna de justiça. Ele oferece "um bom produto" pelo preço correto, e não o altera. Não suja as mãos com negociações corrompidas por fraudes. Seus produtos são genuínos e corretamente precificados.

Clientes que tentam "ganhar" de um comerciante ao comprar estão se degradando. Sua prática presume uma ou ambas as seguintes condições: que o comerciante é desonesto e está cobrando um preço acima do que o produto vale (uma atitude mental vil e suspeita), ou que está ansioso para lhe diminuir os lucros pela negociação (uma atitude igualmente vil), beneficiando-se assim de sua perda. A prática de "forçar a diminuição do preço" é desonesta. As pessoas que insistem nela com mais assiduidade são aquelas que reclamam de ser "oprimidas". Não é algo surpreendente, uma vez que elas mesmas tentam oprimir outras o tempo todo.

Por outro lado, o comerciante que anseia arrancar tudo o que puder dos clientes, sem pensar na justiça e nos valores corretos das coisas, é como um ladrão que lentamente envenena o próprio sucesso. Suas ações certamente voltarão contra ele na forma de ruína financeira.

Outro dia, um homem de cinquenta anos me disse: "Acabei de descobrir que passei a vida inteira pagando cinquenta por cento a mais do que deveria por tudo que compro". Um homem justo não pode sentir que pagou demais por algo, pois não segue com nenhuma transação que considera injusta. Mas, se um homem deseja conseguir tudo pela metade do preço, então ele sempre lamentará de maneira mesquinha e miserável por pagar o dobro quando comprar qualquer coisa. O homem justo fica feliz em praticar o valor integral por tudo, seja ao dar ou receber. Sua mente não é assombrada por problemas, e seus dias são repletos de paz.

O homem deve, acima de tudo, evitar a mesquinhez e se esforçar para ser cada vez mais perfeitamente justo. Se não for justo, também não pode ser honesto, nem generoso, nem honrado; será apenas um ladrão disfarçado que tenta obter tudo que quer em troca do mínimo possível. Deve evitar barganhar e ensinar aos negociadores uma maneira melhor de conduzir os empreendimentos, com uma dignidade exaltada que atrai um sucesso amplo e honroso.

A *paciência* é a joia mais brilhante no caráter do homem imparcial. Não se trata de uma paciência específica com algo específico — como uma garota com seus bordados ou um garoto que constrói o modelo de uma locomotiva. É uma consideração inabalável, uma disposição doce o tempo todo e sob as circunstâncias mais desafiadoras, uma força imutável e gentil, que nenhuma provação é capaz de manchar e nenhuma perseguição é capaz de quebrar. É uma característica rara, certamente, e algo que não se deve esperar que surja por um bom tempo. Mesmo assim, em meio às massas da humanidade, essa virtude pode ser desenvolvida gradualmente. Até mesmo uma paciência parcial fará maravilhas pelos assuntos da vida de um homem, assim como uma impaciência crônica devastará todo o trabalho. O homem irascível corteja um desastre acelerado. Quem vai querer lidar com alguém que explode repetidamente como pólvora quando uma pequena fagulha de reclamação ou crítica o toca? Até mesmo seus amigos, um a um, vão abandoná-lo. Quem gostaria da companhia de um homem que agride com uma língua mordaz e impaciente a cada pequena diferença ou desentendimento?

Um homem deve começar a se controlar sabiamente e aprender as belas lições da paciência se quiser ser altamente próspero, se quiser ser uma pessoa útil e poderosa. Deve aprender a pensar nos outros, agir para o bem deles e não apenas para si; a ter consideração pelo esforço e sofrimento. Deve estudar como deixar seu coração em paz em relação os homens que dele diferem nas coisas que considera mais vitais. Deve evitar desavenças, assim como evita engolir veneno. Discordâncias externas vão assombrá-lo continuamente, mas ele deve se fortificar contra elas. Deve estudar como extrair harmonia dessas discordâncias quando exercitar a paciência.

O conflito é comum. Atinge o coração e distorce a mente. A paciência é rara. Ela enriquece o coração e embeleza a mente. Qualquer gato é capaz de cuspir e se enraivecer. É algo que não requer nenhum esforço, somente um afrouxamento da conduta. É preciso que um *homem* cumpra seus compromissos a cada manhã e seja meticuloso e paciente com as imperfeições da humanidade. Mas a paciência vence. Assim como a água mole desgasta até mesmo a rocha mais dura, a paciência supera toda a adversidade. Ela atrai o coração dos homens; conquista e controla.

A *calma* acompanha a paciência. É uma qualidade excelente e gloriosa. É o refúgio pacífico das almas emancipadas depois de vagarem por muito tempo no oceano tempestuoso das paixões. Constrói o homem que sofreu demais, resistiu demais, passou por coisas demais e finalmente conquistou o que desejava.

Um homem que não seja calmo não pode ser imparcial. Empolgação, preconceito e parcialidade, tudo isso brota das paixões transtornadas. Quando o sentimento pessoal é frustrado, ele se ergue e fervilha como um riacho represado. O homem calmo evita essa perturbação ao direcionar seus sentimentos da esfera pessoal para a impessoal. Ele pensa e sente pelos outros, assim como pensa e sente por si. Dá o mesmo valor às opiniões alheias que dá às próprias. Se encara o trabalho como algo importante, ele também percebe que o trabalho feito por outros homens é igualmente importante. Não se contenta com o próprio mérito em detrimento do mérito dos outros. Não é derrubado, como o personagem Humpty Dumpty, por se julgar muito valioso. Já trocou o egoísmo pela verdade e percebe as relações certas entre as coisas. Já conquistou a irritabilidade e percebeu não haver nada que deva causar irritação. Aborrecer-se com outra pessoa porque ela não pensa como você é como se enraivecer com um amor-perfeito por não ser uma rosa. As mentes diferem. O homem calmo reconhece as diferenças como fatos na natureza humana.

O homem calmo e imparcial não é simplesmente o mais feliz dos homens. Ele também tem domínio sobre todos os próprios poderes. É direto, racional, realizador e faz, com rapidez, facilidade e silêncio, o que o homem irritável executa a duras penas, devagar, laboriosa e ruidosamente. Sua mente é purificada, preparada, concentrada e está pronta para se lançar a qualquer momento sobre o trabalho que lhe é dado com um poder infalível. Na mente calma, todas as contradições são reconciliadas. Há, ali, alegria radiante e paz perpétua. Como diz Emerson: "A calma é a alegria constante e habitual".

Não se deve confundir a indiferença com a calma, pois ela é seu extremo oposto. A indiferença é inerte. A calma, por sua vez, é vida resplandecente, um poder abrangente e completo. O homem calmo conquistou a si mesmo, parcial ou inteiramente. E, tendo batalhado com sucesso contra o egoísmo interior, já sabe como enfrentá-lo e superá-lo com êxito nas outras pessoas. Em qualquer conteúdo moral, o homem calmo é sempre vitorioso. Enquanto continuar calmo, a derrota é impossível.

O autocontrole é melhor do que as riquezas, e a calma é uma bênção perpétua.

A *sabedoria* habita o homem imparcial. Seus conselhos o guiam; suas asas o protegem. Ela o conduz por caminhos agradáveis a destinos felizes.

A sabedoria tem muitos lados. O homem sábio se adapta às outras pessoas. Age pensando no bem delas. Jamais viola as virtudes morais ou os princípios da conduta correta. O homem tolo não consegue se adaptar aos outros. Age somente por si, violando continuamente as virtudes morais e os princípios da conduta correta. Há um grau de sabedoria em cada ato de imparcialidade. Uma vez que um homem tenha tocado e experimentado a zona imparcial, ele pode recuperá-la sempre que desejar, até finalmente se estabelecer nela.

Cada pensamento, palavra e ato de sabedoria retrata o mundo exterior, pois está tomado pela grandeza. A sabedoria é um poço de conhecimento e uma fonte de poder. É profunda e abrangente. É tão exata e inclusiva que abarca até mesmo os menores detalhes. Em sua ampla grandiosidade, ela não deixa de considerar o que é pequeno. A mente sábia é como o mundo. Contém todas as coisas em seu devido lugar e ordem, sem ficar sobrecarregada. Assim como o mundo, também, ela é livre, alheia a quaisquer restrições. Mesmo assim, jamais é relaxada, jamais erra, jamais peca e é sempre penitente. A sabedoria é o adulto estável e maduro, assim como a tolice era o bebê que chorava. Já superou a fraqueza e a dependência, os erros e castigos da ignorância infantil, erguendo-se ereta, equilibrada, forte e serena.

A mente compreensiva não precisa de apoio externo. É capaz de se erguer sozinha sobre o piso firme do conhecimento — não o conhecimento adquirido em livros, e sim a experiência que vem com a maturidade. Já atravessou todas as mentes, portanto, conhece-as bem. Já viajou com todos os corações, e conhece sua jornada de alegrias e tristezas.

Quando a sabedoria toca um homem, ele é elevado e transfigurado. Torna-se um novo ser, com novos objetivos e poderes, habitando um novo universo, no qual alcançará um novo e glorioso destino.

Assim é o pilar da imparcialidade, que acrescenta sua força enorme e graça incomparável para sustentar e embelezar o Templo da Prosperidade.

OITAVO PILAR
AUTOCONFIANÇA

Todo jovem deveria ler o ensaio de Emerson sobre autoconfiança. É o ensaio mais másculo e viril já escrito. Foi calculado para curar da mesma forma os dois males mentais comuns à juventude: a autodepreciação e a presunção. É quase tão certo revelar ao presunçoso a pequenez e o vazio de sua vaidade quanto mostrar ao tímido a fraqueza e ineficácia de sua maneira de agir. É uma nova revelação da dignidade do homem, assim como qualquer revelação mostrada aos antigos videntes e profetas. E talvez ainda mais prática, perfeitamente adequada à esta era mecânica. Vinda de um novo tipo de profeta moderno, surgido em uma nova humanidade, essa revelação tem como principal virtude seu caráter poderoso e revigorante.

Não permitamos que a autoconfiança seja confundida com a presunção. Por mais elevada e excelente que seja a primeira, a segunda é vil e desprezível na mesma medida. Não pode haver nada de ruim na autoconfiança, enquanto na presunção não pode haver nada grandioso.

O homem que nunca diz "não" quando questionado sobre assuntos que ignora inteiramente, para evitar que as pessoas o tomem por ignorante, e expressa hipóteses e conjecturas como se fossem conhecimento, será afamado por sua ignorância e desprezado por sua presunção adicional. Uma confissão honesta de ignorância atrairá respeito, enquanto uma presunção arrogante de conhecimento resultará em desprezo.

O homem tímido e apologético, que parece até mesmo ter medo de viver, que teme a possibilidade de fazer algo diferente da maneira aceita e ser submetido ao ridículo não é um homem completo. Ele precisa imitar outras pessoas e não age com independência. Necessita de uma autoconfiança que irá o compelir a acreditar na própria iniciativa, tornando-se assim um novo exemplo, em vez de seguir cegamente velhos modelos. No caso da ridicularização, quem se magoa por isso não é um homem. As flechas do sarcasmo e da ironia não podem penetrar a armadura forte do homem autoconfiante. Não podem alcançar a cidadela invencível do seu coração honesto para o perfurar ou machucar. As setas afiadas da ironia podem cair sobre ele, mas o homem ri quando são desviadas pela couraça forte da autoconfiança, caindo ao chão sem causar danos.

"Confia em ti mesmo", diz Emerson. "Todo coração vibra ao som dessa corda de ferro." Ao longo das eras, os homens dependeram, e ainda dependem, de improvisos externos em vez de confiar na própria simplicidade inata e dignidade original. Os poucos que tiveram a coragem de se posicionar assim foram identificados e elevados como heróis. De fato, é um herói quem tem a coragem de deixar que sua verdadeira natureza fale, que é composto por aquele metal forte que o permite se erguer sobre o próprio valor intrínseco.

É verdade que o candidato a tal heroísmo deve passar por testes de força. Não deve se envergonhar de onde pisa pelos monstros dos convencionalistas. Não deve temer por sua reputação ou cargo, nem por sua posição na igreja ou prestígio na sociedade local. Deve aprender a agir e viver tão independentemente dessas considerações quanto dos modismos atuais nos antípodas. Mesmo assim, quando passar pelo teste, e as mentiras e o ódio não conseguirem tocá-lo ou movê-lo, ele de fato se tornará um homem. Alguém que a sociedade terá que respeitar e finalmente aceitar nos termos que ele definir.

Cedo ou tarde, todas as pessoas procurarão a orientação do homem autoconfiante. Embora as mentes mais elevadas não o vejam como um apoio ou muleta, elas respeitam e valorizam sua obra e mérito, reconhecendo o lugar dele entre os grandes que o precederam.

Não se deve pensar que a autoconfiança representa o desprezo por aprender. Essa postura nasce de uma arrogância teimosa, que traz em si elementos de fraqueza, e que, cedo ou tarde, tombará, em vez dos elementos de força e da promessa de grandes realizações que são características da autoconfiança. O orgulho e a vaidade não devem estar associados ao ego; repousam sobre coisas incidentais e acessórias — dinheiro, roupas, imóveis, prestígio ou *status* — e estas perdidas, tudo estará perdido. A autoconfiança repousa sobre o que é essencial e princípios de valor, probidade, pureza, sinceridade, caráter, verdade. Qualquer coisa que possa ser perdida tem pouco valor, pois esses princípios nunca podem ser perdidos. O orgulho tenta esconder sua ignorância pela ostentação e por conjecturas, sem disposição para deixar que pensem que é um aprendiz. Ele se equilibra, durante seu pequeno e efêmero dia, sobre a ignorância e as aparências. Quanto mais alto se erguer hoje, maior será a queda que sofrerá amanhã. A autoconfiança não tem nada a esconder e está disposta a aprender. Embora não possa haver humildade onde existe orgulho, a autoconfiança e a humildade são compatíveis. Mais do que isso, são complementares, e a forma sublime da autoconfiança só é encontrada associada à mais profunda humildade. "Os extremos se encontram", diz Emerson, "e não há melhor exemplo disso do que a altivez da humildade.

Nenhum aristocrata, nenhum príncipe nascido entre mantos púrpuras, pode querer se comparar com o respeito próprio de um santo. Como pode ser tão humilde, senão por saber que pode se permitir sê-lo, confiando na graça de Deus que traz consigo?" Foi Buda quem, sobre esse aspecto particular, disse: "Aqueles que, agora ou depois que eu morrer, forem luz para si mesmos, confiando somente em si e em nenhum apoio externo e fiéis à verdade como sua luz e buscando a salvação somente na verdade, não buscarão ajuda em ninguém além de si mesmos. São eles, entre meus discípulos, que chegarão às maiores alturas. Mas eles devem estar dispostos a aprender".

Nesse ditado, a repetida insistência sobre a necessidade de confiar apenas em si mesmo, assim como a exortação final de ansiar por aprender, é a mais sábia declaração sobre a autoconfiança que eu conheço. Nele, o grande mestre compreende o equilíbrio perfeito entre a autoconfiança e a humildade que o homem verdadeiro deve desenvolver.

"A autoconfiança é a essência do heroísmo." Todos os grandes homens são autoconfiantes, e deveríamos usá-los como mestres e exemplos, não como muletas ou apoios. Um grande homem é aquele que não se apoia em ninguém, ergue-se sozinho na dignidade solitária da verdade. Em pouco tempo, o mundo começa a tentar esmagá-lo, fazendo dele uma desculpa para a indolência espiritual e a auto-humilhação destrutiva. Melhor do que acalentar nossos vícios na força dos fortes seria oferecer nossas virtudes à sua presença luminosa. Se confiarmos na luz de outra pessoa, a escuridão vai nos dominar. Entretanto, se confiarmos na nossa própria luz, temos somente que mantê-la acesa. Podemos atrair a luz de outra pessoa e transmiti-la, mas pensar que isso é suficiente conforme a nossa própria luz perde o viço é negligência. É um atalho para nos ver abandonados em meio à escuridão. Nossa própria luz interior é a luz que nunca nos abandona.

O que é a "luz interior" dos quakers senão outro nome para a autoconfiança? Devemos nos erguer sobre aquilo que somos, não sobre o que outra pessoa é. "Mas eu sou pequeno e pobre", você diz. Bem, levante-se sobre essa pequenez, e não demorará até que ela se torne grande. Um bebê precisa mamar e se segurar em alguém, mas um homem adulto, não. Depois, ele se equilibra sobre os próprios membros. Os homens oram a Deus pedindo que coloque nas mãos deles aquilo que deveriam se esforçar para conseguir; que coloque em sua boca a comida pela qual deveriam trabalhar com afinco. Mas os homens superam essa infância espiritual. Chegará um tempo em que os homens não terão mais que pagar a um sacerdote para que ore e pregue por eles.

O principal problema do homem é a falta de confiança em si mesmo, de modo que o homem autoconfiante se torna um espetáculo raro e singular. Se um homem se enxerga como um "verme", o que se pode extrair dele além de contorções ineficazes? Certamente, "o humilde será exaltado", mas não aquele que degrada a si mesmo. Um homem deve poder se ver como realmente é. Se tiver em si alguma indignidade, deve se livrar dela e manter somente aquilo que for digno. Um homem só se rebaixa quando rebaixa a si mesmo, e se exalta quando vive uma vida exaltada.

Por que um homem, com iterações incessantes, atrai a atenção para sua natureza falha? Há uma falsa humildade que, de certa maneira, consegue se orgulhar no vício. Se alguém tombou, é para que se levante e assimile a sabedoria que adquiriu. Se um homem cai numa vala, não fica deitado ali, chamando cada pessoa que passa para notar que caiu. Ele se levanta e segue seu caminho com mais cuidado. Assim, se alguém cai na vala do vício, essa pessoa deve se erguer e se purificar, seguindo seu caminho com alegria.

Não existe nenhuma esfera na vida na qual a influência e a prosperidade de um homem não sejam consideravelmente aumentadas por um mínimo de autoconfiança. Ao professor — seja ele secular ou religioso —, aos organizadores, administradores, supervisores, assim como em todo cargo de comando, ela é uma ferramenta indispensável.

As quatro grandes qualidades da autoconfiança são:

1. **DECISÃO**
2. **FIRMEZA**
3. **DIGNIDADE**
4. **INDEPENDÊNCIA**

A *decisão* torna um homem forte. Quem duvida é um fraco. Um homem que terá um papel com falas, por menor que seja, no espetáculo dramático da vida deve ser decisivo e saber o que representa. Quaisquer que sejam suas dúvidas, não deve duvidar de seu poder de atuar. Deve conhecer seu papel na vida e colocar toda a sua energia nele. Deve ter uma base sólida de conhecimentos a partir dos quais pode trabalhar, equilibrando-se com segurança sobre ela. Pode englobar somente o preço e a qualidade do estoque, mas ele deve conhecer seu trabalho amplamente, e saber que o conhece. Deve estar preparado a qualquer momento para responder pelos próprios atos quando seu dever é impugnado. Deve ter um embasamento tão forte em sua área de atuação que não será afetado pela hesitação a qualquer instante, ou em qualquer emergência. Há um ditado verdadeiro que prega que "o homem que hesita está perdido". Ninguém acredita naquele que não acredita em si mesmo, que duvida, vacila e hesita, sem conseguir se livrar do emaranhado de dois caminhos. Quem arriscaria negociar com um mercador que não sabe o preço dos próprios produtos, ou que não tem certeza de onde encontrá-los? Um homem deve conhecer seus negócios. Se não os conhecer, quem vai instruí-lo? Ele deve ser capaz de fazer um bom relato sobre a verdade que traz consigo. Deve ter aquele toque de inteligência que somente a habilidade e o conhecimento podem lhe dar.

A certeza é um grande elemento da autoconfiança. Para ter influência, um homem deve ter conquistado alguma verdade para compartilhar. Toda habilidade é uma comunicação da verdade. Ele deve "falar com autoridade, não como os escribas". Deve dominar algo e saber que o dominou, com lucidez e conhecimento, agindo como um mestre faria, em vez de permanecer como aprendiz.

A indecisão é um fator desintegrante. Um minuto de hesitação pode reverter a correnteza do sucesso. Homens que receiam decidir rapidamente por medo de cometer um erro quase sempre cometem erros quando agem. Os mais rápidos, em pensamento e ação, têm menor probabilidade de cometer erros. É melhor agir com decisão e cometer um erro do que agir com indecisão e cometer um erro. No primeiro caso há apenas um erro, enquanto, no segundo, a fraqueza é adicionada ao erro.

Um homem sempre deve ser decidido, tanto em relação ao que sabe como ao que não sabe. Deve estar pronto para dizer tanto "não" como "sim". E ter rapidez para reconhecer sua ignorância tanto quanto para compartilhar seu conhecimento. Se ele se apoiar em fatos e agir com base na simples verdade, não encontrará espaço para vacilar entre duas opiniões.

Faça suas escolhas com rapidez e aja decisivamente. Melhor ainda: tenha uma mente que já fez escolhas. Assim, a decisão será instintiva e espontânea.

A *firmeza* surge na mente que decide com rapidez. É verdadeiramente uma decisão final sobre a melhor conduta a adotar e o melhor caminho na vida. É uma promessa da alma de resistir firmemente de acordo com seus princípios, aconteça o que acontecer. Não é necessário ou desnecessário que haja uma promessa dita ou escrita, pois a lealdade inabalável a princípios sólidos é a base de todas as promessas.

O homem sem princípios sólidos não realiza muita coisa. A conveniência é um pântano espinhoso no qual um homem se vê constantemente engolfado pelo terreno lamacento da própria frouxidão moral, fustigado e arranhado pelos espinhos das decepções que ele mesmo ocasionou.

É preciso ter um terreno sólido no qual se firmar entre seus semelhantes. Não se deve tentar ficar em pé no lamaçal da concessão. A inconstância é um vício da fraqueza, e os vícios da fraqueza fazem mais para minar o caráter e a influência do que os vícios da força. O homem viciado pelo excesso de força animal pega atalhos para a verdade — quando sua mente reflete o vício pela falta de hombridade, e cujo principal vício consiste em não ter opinião própria sobre nada. Quando entende que o poder é adaptável a fins que podem ser bons ou maus, ele não se surpreende com o fato de que os bêbados e as prostitutas podem alcançar o reino dos céus antes que os religiosos diplomáticos. Essas pessoas, pelo menos, são fiéis ao caminho que escolheram, por mais vil que seja. E fidelidade é força. Basta que essa força seja desviada do mal para o bem, e perceba: o pecador desprezado se tornou um santo grandioso!

Um homem deve ter uma mente firme, fixa e determinada. Deve decidir entre esses princípios quais são os melhores a adotar em todas as situações, e quais haverão de guiá-lo com segurança pelo labirinto de opiniões conflitantes, e lhe inspirar uma coragem inabalável na batalha da vida. Adotando esses princípios, deve considerá-los como mais do que apenas ganho ou felicidade, mais até do que a própria vida. Se jamais os abandonar, descobrirá que esses princípios jamais o abandonarão; vão defendê-lo de todos os inimigos, protegê-lo de todos os perigos e indicar o caminho em meio a toda escuridão e dificuldade. A ele, serão como uma luz na escuridão, um lugar de descanso em meio às tristezas e um refúgio dos conflitos do mundo.

A *dignidade* veste, como um traje majestoso, a mente firme. Quem é rígido como uma barra de aço quando se espera que comprometa com a maldade, e flexível como o ramo de um salgueiro quando se adapta àquilo que é bom, tem consigo uma dignidade que acalma e eleva as pessoas com sua presença.

A mente instável, aquela que não está ancorada a nenhum princípio sólido, que se rebela quando os próprios desejos são ameaçados e cede quando sua fibra moral está em risco, não tem gravidade, equilíbrio e compostura calma.

O homem digno não pode ser subjugado e escravizado, pois deixou de subjugar e escravizar a si mesmo. De uma só vez, ele desarma com um olhar, uma palavra, um silêncio sábio e sugestivo, qualquer tentativa de desmerecê-lo. Sua mera presença é uma reprovação saudável aos fúteis e indecorosos, ao mesmo tempo que age como um rochedo de força para os amantes do bem.

Mas, a principal razão pela qual o homem digno atrai respeito não envolve somente a atenção que tem por si mesmo, e sim está ligado ao fato de tratar todos os outros com a devida estima. O orgulhoso se ama e trata todos que estão abaixo dele com um desprezo arrogante, pois o amor por si e o desprezo por outros sempre são encontrados juntos em igual medida. Assim, quanto maior o amor por si mesmo, maior a arrogância. A verdadeira dignidade surge não do amor por si, e sim do autossacrifício, da adesão imparcial a um princípio central sólido. A dignidade de um juiz advém do fato de que, ao executar seu dever, ele descarta todas as considerações pessoais e se baseia somente na lei. Sua personalidade pequena, impermanente e efêmera, transforma-se em nada, enquanto a lei, perene e majestosa, transforma-se em tudo. Se um juiz, ao julgar um caso, esquecer-se da lei e levar em conta preconceitos e sentimentos pessoais, sua dignidade desaparece. O mesmo acontece com um homem de renomada pureza de caráter. Ele se ergue sobre a lei divina, não sobre sentimentos pessoais. Assim que um homem cede às paixões, ele perde a dignidade, assumindo seu lugar como mais um em meio à multidão de imprudentes e descontrolados.

Todo homem terá compostura e dignidade na medida em que agir com base em um princípio sólido. Só é necessário que o princípio seja correto, e, portanto, indiscutível. Enquanto o homem acatar esse princípio, sem vacilar ou descer ao nível pessoal, o ataque das paixões, preconceitos e interesses, por mais poderoso que seja, será fraco e ineficiente perante a força invencível de um princípio incorruptível. Finalmente, cederá sua confusão associada e desagradável ao seu direito único e majestoso.

A *independência* é um direito que um homem forte e controlado tem desde o nascimento. Todos os homens amam e buscam a liberdade. Todos os homens almejam algum tipo de independência.

Um homem deve trabalhar para si mesmo ou para a comunidade. A menos que tenha alguma deficiência, invalidez ou incapacidade mental, deveria ter vergonha de depender dos outros por tudo que tem, quando não dá nada em troca. Se alguém imagina que essa condição é liberdade, é bom saber que, na verdade, trata-se de uma das formas mais rasteiras de escravidão. Chegará o tempo em que ser uma abelha inútil na colmeia humana, considerando a situação atual, até mesmo um inútil respeitável (e não um vagabundo qualquer), será motivo de vergonha pública, e não mais algo respeitável.

Independência, liberdade, a gloriosa autonomia, tudo isso vem por meio do trabalho, e não pelo ócio. O homem autoconfiante é forte, honrado e correto demais para depender de outros, como se ainda fosse um bebê de colo, para conseguir o próprio sustento. Ele conquista, pelas mãos ou pelo cérebro, o direito de viver à medida que se torna um homem ou um cidadão. Isso acontece independentemente de ser rico ou pobre, pois a riqueza não é justificativa para o ócio. É uma oportunidade para o trabalho, com as raras facilidades que oferece, pelo bem da comunidade.

Somente quem se sustenta é livre, autoconfiante e independente.

Assim se explica a natureza dos oito pilares. O alicerce sobre o qual se erguem, sua construção, seus ingredientes, a natureza quádrupla do material que compõe cada um, as posições que ocupam e como sustentam o templo. Todos podem construí-los; quem já os conhecia, mesmo que de maneira imperfeita, agora conhece com mais perfeição. Quem já os conhecia perfeitamente pode aproveitar essa sistematização e simplificação da ordem moral da prosperidade. Agora, vamos considerar o próprio templo para conhecer a pujança de seus pilares, a força de suas paredes, a resistência de seu telhado e a beleza arquitetônica e perfeição do todo.

O TEMPLO DA PROSPERIDADE

O leitor que acompanhou o livro com a ideia de adquirir informações sobre ganhar dinheiro, transações de negócios, lucros e perdas em vários projetos, preços, mercados, acordos, contratos e outras questões conectadas com o alcance da prosperidade terá percebido uma ausência completa de quaisquer instruções sobre essas questões. Há quatro razões para isso, a saber:

Primeira: os detalhes não se sustentam sozinhos. Não têm o poder de construir nada, a menos que estejam relacionados de maneira inteligente aos princípios.

Segunda: detalhes são infinitos e mudam o tempo todo. Princípios são poucos, eternos e imutáveis.

Terceira: princípios são os fatores coerentes em todos os detalhes, regulando-os e os harmonizando. Assim, ter os princípios certos significa estar certo em todos os detalhes secundários.

Quarta: quem ensina verdades de qualquer gênero *deve* aderir rigidamente a princípios, sem se deixar afastar deles no labirinto de detalhes privados e pormenores particulares que se transformam constantemente. Tais detalhes e pormenores têm somente direitos locais, e são necessários apenas para determinados indivíduos, enquanto os princípios são universalmente certos e necessários para todos os homens.

Quem compreender os princípios deste livro e conseguir adotá-los de maneira inteligente poderá alcançar o coração dessas quatro razões. Os detalhes das questões de cada homem são importantes, mas são os detalhes *dele*, ou da sua área de atuação profissional; ninguém que esteja fora dessa área se interessa por esses detalhes. Princípios morais, por sua vez, são os mesmos para todos os homens; são aplicáveis em todas as condições e governam todas as particularidades.

O homem que trabalha embasado por princípios sólidos não precisa se preocupar com as complicações de circunstâncias numerosas. Ele entenderá todos os detalhes com um único pensamento, e os cumprirá à risca, inspirado pela luz dos princípios aos quais estão relacionados. Isso acontece sem conflito, sem ansiedade e sem dificuldade.

Até que os princípios sejam assimilados, os detalhes serão recebidos e encarados como os assuntos principais. Sendo assim, levam a inúmeras complicações e questões confusas. À luz dos princípios, se tornam fatores secundários. Assim, todas as dificuldades conectadas com eles são imediatamente superadas e anuladas, usando os princípios como referência.

Quem se envolve com muitos detalhes sem o elemento regulador e sintetizador dos princípios é como alguém perdido em uma floresta, sem um caminho direto ao longo do qual possa andar em meio à massa de objetivos. Ele se afunda nas minúcias, enquanto o homem de princípios tem todos os detalhes em si; este se posiciona ao largo deles e os compreende inteiramente, enquanto o primeiro só consegue ver os poucos que estão mais perto de si no momento.

Todas as coisas são contidas em princípios. São as leis das coisas, e todas as coisas observam a própria lei. É um erro tentar ver as coisas como algo separado da sua natureza. Os detalhes são a palavra, enquanto os princípios são a essência. Isso é tão verdadeiro na arte, ciência, literatura, comércio quanto na religião, conforme o dito "a palavra mata, mas a essência dá vida". O corpo de um homem, com sua maravilhosa combinação de partes, é importante, mas apenas em relação ao espírito. Quando o espírito é removido, o corpo não tem mais utilidade e é descartado. O corpo de uma empresa, com todos os seus detalhes complicados, é importante, mas somente em relação aos princípios vivificadores pelos quais é controlado. Se estes forem removidos, a empresa perece.

Para ter o corpo da prosperidade — sua apresentação material — precisamos, primeiramente, ter o espírito da prosperidade. E o espírito da prosperidade é o espírito da virtude moral. A cegueira moral é algo que prevalece. Os homens veem dinheiro, imóveis, prazer, lazer e, confundindo-os com prosperidade, tentam adquiri-los em proveito próprio. Entretanto, quando os adquirem, não conseguem aproveitá-los.

A prosperidade, primeiramente, é um estado de espírito, uma atitude da mente, uma vida que se manifesta de dentro para fora na forma de fartura, felicidade e alegria. Assim como um homem não se torna um gênio somente por escrever poemas, ensaios ou peças de teatro, devendo desenvolver e assimilar a genialidade (e então a escrita virá como efeito natural), ninguém se torna próspero apenas acumulando dinheiro, adquirindo imóveis e bens materiais. É preciso desenvolver e assimilar a alma da virtude; agindo assim, os bens materiais virão como consequência natural. O espírito da virtude é o espírito da alegria e contém em si toda a abundância, toda a satisfação, toda a plenitude da vida.

Não há alegria no dinheiro, nem nos imóveis, nem no acúmulo de bens ou em quaisquer coisas materiais. Essas coisas estão mortas e inertes. O espírito da alegria deve estar dentro do homem, ou não estará em lugar nenhum. Ele deve ter dentro de si a capacidade para a felicidade. Deve ter a sabedoria para compreender como usar essas coisas, não meramente acumulá-las. Deve possuí-las, e não se deixar possuir por elas. As coisas devem depender do homem, não o homem delas. Elas devem segui-lo, e o homem não deve passar a eternidade tentando alcançá-las; elas inevitavelmente irão segui-lo se ele tiver os elementos morais dentro de si aos quais elas estão relacionadas.

Nada está ausente do reino dos céus. Lá está estão todas as coisas boas, verdadeiras e necessárias, e "O reino do Senhor está convosco". Conheço pessoas ricas que são extremamente felizes porque são generosas, magnânimas, puras e alegres. Também conheço pessoas ricas que são tristonhas — são aquelas que buscavam dinheiro e bens para a própria alegria, e não desenvolveram o espírito do bem e da felicidade dentro de si.

Como é possível dizer que um homem em desgraça é "próspero", mesmo que sua renda seja de milhares de libras por ano? Deve haver adequação, harmonia e satisfação na verdadeira prosperidade. Quando um homem rico está feliz, é porque trouxe a essência da felicidade para a sua riqueza, não foram as riquezas que lhe trouxeram a felicidade. Ele é um homem pleno, com todas as vantagens e responsabilidades materiais, enquanto o rico infeliz é um homem vazio, que procura na riqueza aquela plenitude da vida que só pode evoluir de dentro para fora.

Portanto, a prosperidade se resolve na capacidade moral e na sabedoria para usar e apreciar com retidão e lealdade as coisas materiais que são inseparáveis da nossa vida terrena. Se alguém deseja ser livre por fora, é preciso primeiramente ser livre por dentro. Se estiver preso a uma essência por fraqueza, egoísmo ou vício, como a posse do dinheiro pode libertá-lo? Será que ele não se tornaria, em suas mãos, um instrumento fácil, pelo qual acabaria se escravizando ainda mais?

Os efeitos visíveis da prosperidade, então, não devem ser considerados isoladamente, e sim sempre em relação à sua causa moral e mental. Há um alicerce oculto em toda construção; o fato de que a estrutura continua em pé é prova disso. Há um alicerce oculto em toda forma de sucesso estabelecido; sua permanência é prova disso. A prosperidade se ergue sobre o alicerce do *caráter*. Não há, em todo o universo, nenhum outro alicerce. A verdadeira riqueza é prosperidade, bem-estar, solidez, integridade e felicidade. Os ricos infelizes não são realmente ricos. São apenas pessoas sobrecarregadas de dinheiro, luxo e lazer, que usam para se torturar. São amaldiçoados por suas posses.

O homem moral é eternamente abençoado e feliz. Sua vida, vista como um todo, é sempre um sucesso. A este não há exceção, pois, quaisquer que sejam os fracassos que surjam nos detalhes, a obra final de sua vida será sólida, íntegra e completa. Ao longo de tudo, o homem moral terá a consciência tranquila, um nome honrado e todas as inúmeras bênçãos inseparáveis da riqueza de caráter; sem essa riqueza moral, as riquezas financeiras não terão valor nem trarão satisfação.

Vamos recapitular brevemente e rever os oito pilares em sua força e esplendor.

Energia – Despertar a si mesmo e realizar um esforço vigoroso e incessante para a realização das suas tarefas.

Economia – Concentração de poder; é a conservação tanto do capital como do caráter, sendo este último um capital mental e, portanto, de maior importância.

Integridade – Honestidade inabalável; cumprir à risca todas as promessas, acordos e contratos, independentemente de considerações de perda ou ganho.

Sistema – Subordinar todos os detalhes à ordem, aliviando, assim, a memória e a mente de atividades e tensões desnecessárias, reduzindo o que é supérfluo em função do que é indispensável.

Empatia – Magnanimidade, generosidade, gentileza e ternura; receber de braços abertos, ser livre e bondoso.

Sinceridade – Ser íntegro e pleno, firme e verdadeiro; não ser uma pessoa em público e outra às escondidas. Não apregoar boas ações abertamente enquanto pratica más ações em segredo.

Imparcialidade – Justiça; não buscar somente o interesse próprio, e sim ponderar ambos os lados e agir com equidade.

Autoconfiança – Confiar apenas em si mesmo para ter força e apoio. Fundamentar-se em princípios fixos e invencíveis, não em coisas externas, que podem ser removidas a qualquer momento.

Como é possível uma vida não ser bem-sucedida quando é construída sobre esses oito pilares? Sua força é tamanha que nenhuma força física ou intelectual pode se comparar a ela. Construir os oito pilares com perfeição tornaria o homem invencível. Há de se descobrir, entretanto, que alguns homens frequentemente são fortes em uma ou várias dessas qualidades e fracos em outras. Esse elemento fraco é o que atrai o fracasso. É tolice, por exemplo, atribuir o fracasso de um homem nos negócios à sua honestidade. É impossível que a honestidade resulte em fracasso. A causa do fracasso deve ser procurada em outro lugar — na falta, e não na presença, de alguma qualidade boa e necessária. Além disso, essa atribuição de fracasso à honestidade é um insulto à integridade do comércio, e uma falsa acusação dos homens, em quantidade suficiente, envolvidos de maneira honrada com o comércio. Um homem pode ser forte em energia, economia e sistema, e comparativamente fraco nos outros cinco pilares. Esse homem não conseguirá o êxito completo se não tiver um dos quatro pilares fundamentais, especialmente a integridade. Seu templo ruirá naquele ponto fraco, pois o primeiro dos quatro pilares *deve* ser bem construído antes que o Templo da Prosperidade possa se sustentar com segurança. São as primeiras qualidades que devem ser adquiridas na evolução moral de um homem. Sem elas não é possível ter os quatro últimos.

Novamente, se um homem for forte em três pilares e lhe faltar o quarto, a ausência de ordem atrairá a confusão e o desastre a seus negócios. Isso vale para qualquer combinação parcial dessas qualidades, especialmente as quatro primeiras, pois as quatro últimas demandam um caráter tão elevado que, no momento, os homens só podem tê-los, com exceções ocasionais, de maneira mais ou menos imperfeitas. O homem do mundo, então, que deseja garantir um sucesso duradouro em qualquer área do comércio ou ramo da indústria na qual as pessoas normalmente se envolvem *deve* incorporar ao seu caráter, com a prática, os primeiros quatro pilares morais. É por estes quatro princípios sólidos que ele deve regular seus pensamentos, sua conduta e até mesmo seus interesses, consultando-os a cada dificuldade, fazendo com que cada detalhe os sirva e, acima de tudo, *jamais os abandonando, sob qualquer circunstância, em troca de alguma vantagem pessoal ou para se poupar de algum problema pessoal.* Abandoná-los dessa maneira é se tornar vulnerável aos elementos desintegradores do mal e a acusações que venham de outras pessoas. Quem obedece a esses quatro princípios conquistará uma boa dose de êxito em sua área profissional, qualquer que seja; seu Templo da Prosperidade será bem construído e bem sustentado, mantendo-se em pé com segurança.

A prática perfeita desses quatro princípios está ao alcance de todos os homens dispostos a estudá-los com esse objetivo em vista, pois são tão simples e diretos que até uma criança poderia entender seu significado. Sua perfeição na conduta não pede uma dose exacerbada de autossacrifício, embora requeira algumas escolhas e disciplina pessoal, sem as quais não é possível haver sucesso neste mundo de ações. Os quatro últimos pilares, entretanto, são princípios de natureza mais profunda, mais difíceis de compreender e praticar, e pedem quantidades maiores de sacrifício e privação. Poucas pessoas, atualmente, são capazes de se distanciar tanto do elemento pessoal de acordo com o que prática perfeita exige, mas as poucas que conseguem fazer isso, em qualquer medida, engrandecerão amplamente seus poderes e enriquecerão sua vida. Elas adornam, assim, seu Templo da Prosperidade com uma beleza atraente e singular, capaz de alegrar e elevar todos os observadores durante muito tempo, mesmo depois de morrer.

Mas aqueles que estão começando a construir seu Templo da Prosperidade de acordo com os ensinamentos deste livro devem se lembrar de que uma estrutura leva tempo para ser erguida. Deve ser construída pacientemente, tijolo por tijolo e pedra por pedra. Os pilares devem ser fixados e concretados com firmeza; serão necessários trabalho e cuidado para completar toda a obra. E a construção desse templo mental interior não é menos real por ser invisível e silenciosa. Quando Salomão criou seu templo, a estrutura passou "sete anos em construção". Pode-se dizer que "não se ouviu nenhum martelo, machado ou outras ferramentas de ferro em seu interior enquanto era construído".

Mesmo assim, leitor, constrói teu caráter, ergue a casa da tua vida, constrói o teu Templo da Prosperidade. Não seja como o tolo que oscila ao sabor do fluxo incerto de desejos egoístas. Vive em paz com teu trabalho, coroa tua carreira com a completude e te une aos sábios que, sem incerteza, constroem sobre uma fundação sólida e segura — sobre os princípios da verdade que hão de durar para sempre.

Impressão e Acabamento
Gráfica Oceano